Autorenkollektiv

Wachstum – Effektivität – Intensivierung

**Forschungsberichte
des Zentralinstituts für Wirtschaftswissenschaften
der Akademie der Wissenschaften der DDR
Nr. 15**

AUTORENKOLLEKTIV

Wachstum Effektivität Intensivierung

(Konferenzmaterial)

AKADEMIE-VERLAG · BERLIN 1974

Die Autoren sind:

Dr. Boris Atanasov, Sofia
Prof. Dobri Bradistilov, Sofia
Dr. Peter Dobrev, Sofia
Dr. Ilija Georgijev, Sofia
Dr. Vera Ivanova, Sofia
Prof. Dr. Dimiter Kinov, Sofia
Dr. Krassimira Kirova, Sofia
Dr. Marija Maximova, Sofia
Dr. Martliese Mehnert, Berlin
Ivan Pašalijev, Sofia
Prof. Dr. Gerhard Richter, Berlin
Dr. Reinhard Schaefer, Berlin
Boris Tanuzov, Sofia
Dr. Alfred Tomm, Berlin

Erschienen im Akademie-Verlag, 108 Berlin, Leipziger Straße 3–4

Lizenznummer: 202 . 100/299/74
Gesamtherstellung: VEB Kongreß- und Werbedruck, 9273 Oberlungwitz
Bestellnummer: 752 656 0 (2163/15) · LSV 0305
Printed in GDR
EVP 7,50

INHALTSVERZEICHNIS

VORWORT

Im Mai 1973 wurde am Ökonomischen Institut der Bulgarischen Akademie der Wissenschaften in Sofia eine Konferenz zu ausgewählten Problemen der Faktoren des volkswirtschaftlichen Wachstums und der volkswirtschaftlichen Effektivität bei der Intensivierung der Volkswirtschaft durchgeführt. An ihr nahmen Mitarbeiter des Zentralinstituts für Wirtschaftswissenschaften der Akademie der Wissenschaften der DDR und des gastgebenden Instituts teil.

Die Beratungen erfolgten auf der Grundlage einer im Jahre 1972 abgeschlossenen Vereinbarung über die wissenschaftliche Zusammenarbeit zwischen dem Ökonomischen Institut der Bulgarischen Akademie der Wissenschaften und dem Zentralinstitut für Wirtschaftswissenschaften der Akademie der Wissenschaften der DDR über beide Seiten interessierende Arbeitsthemen.

Mit der Konferenz konnten eine Vertiefung der wissenschaftlichen Zusammenarbeit beider Institute erreicht und Anregungen für die weitere Forschungsarbeit in beiden Instituten vermittelt werden. Veranlaßt durch die zahlreichen Nachfragen nach den Konferenzmaterialien, soll mit den hier zur Veröffentlichung kommenden Konferenzthesen, die den Teilnehmern der Konferenz schriftlich vorlagen und den Ausgangspunkt für die lebhafte Diskussion bildeten, einem größeren Leserkreis die Möglichkeit gegeben werden, sich mit den aufgeworfenen Fragen zu befassen und in die Diskussion einzugreifen. Es sei auch darauf verwiesen, daß bereits durch Berichte in den Zeitschriften "Wirtschaftswissenschaft", "Sozialistische Arbeitswissenschaft" und "Ekonomičeska Misl" auf eine Reihe von Problemen aufmerksam gemacht wurde, die auf der Konferenz diskutiert wurden. Dort wird auch auf die veröffentlichten Konferenzthesen von Prof. Dr. Ottomar Kratsch, Berlin, eingegangen.

Da bei der weiteren Intensivierung des sozialistischen Reproduktionsprozesses in jeder sozialistischen Volkswirtschaft die Notwendigkeit besteht, die Wirkungsweise der Faktoren des ökonomischen Wachstums immer besser zu durchdringen und dem gesellschaftlichen und ökonomischen Inhalt wie den methodologischen Problemen von Effektivität und Produktivität in der Volkswirtschaft in Verbindung mit dem wachsenden wissenschaftlich-technischen Fortschritt große Beachtung zu schenken, kommt dem wissenschaftlichen Meinungsstreit über diese Fragen eine hohe Aktualität zu.

Ein erster Problemkomplex, der einen Schwerpunkt sowohl in den Thesen als auch in der Diskussion bildete, war den Fragen der volkswirtschaftlichen Wachstumsfaktoren gewidmet. Dabei ging es vor allem um die objektiven Tendenzen für die Entwicklung der Systembeziehungen der Faktoren bei der Intensivierung der Volkswirtschaft. Es wurde herausgearbeitet, daß die Kompliziertheit der Faktoren wächst, daß neue Strukturelemente und funktionelle Besonderheiten sowohl innerhalb jedes Wachstumsfaktors als auch in ihrer gegenseitigen Wechselwirkung entstehen. Die Faktoren werden zunehmend durch Erweiterung und stärkere Verflechtung ihrer Strukturbeziehungen gekennzeichnet. Das System der ökonomischen Wachstumsfaktoren wird damit zu einem komplizierten organischen System, dessen Funktionieren Tempo, Maßstäbe und Effektivität der gesellschaftlichen Produktion bestimmt.

Besonderes Interesse beanspruchte in der Diskussion die Einordnung des wissenschaftlich-technischen Fortschritts als Quelle aller qualitativen Veränderungen, die bei den einzelnen Wachstumsfaktoren vor sich gehen. Dabei wurde geltend gemacht, daß der wissenschaftlich-technische Fortschritt durch eine spezifische innere Organisation gekennzeichnet wird. Der Grad seiner Wirkung auf das Wirtschaftswachstum wäre auch Ergebnis des Einflusses einer Vielzahl von Komponenten, so daß unter diesem Aspekt der wissenschaftlich-technische Fortschritt als selbständiger Faktor anzusehen wäre. Die Fragen der inhaltlichen Erfassung des wissenschaftlich-technischen Fortschritts und der Bestimmung seiner Effektivität unter sozialistischen Bedingungen bedürfen zweifellos noch einer tieferen wissenschaftlichen Durchdringung, denn der Beitrag des wissenschaftlich-technischen Fortschritts zur Realisierung der Zielstellungen der sozialistischen Gesellschaft stellt ein Grundkriterium seiner Effektivität dar.

Alle Teilnehmer der Konferenz waren sich darin einig, daß sich die Analyse der Beziehungen zwischen dem ökonomischen Wachstum und den Wachstumsfaktoren auf alle gesellschaftlichen Ursachen erstrecken muß, die zu Veränderungen in der qualitativen und quantitativen Struktur der Faktoren führen. Die Aufdeckung der Beziehungen und der Verflechtungen innerhalb und zwischen den einzelnen Wachstumsfaktoren und ihrer Wirkungen auf die Produktivitäts- und Effektivitätsentwicklung der Volkswirtschaft macht es dabei notwendig, Kriterien zur quantitativen Erfassung zu entwickeln. In diesem Zusammenhang ist auch auf die Bedeutung von unterschiedlichen Wachstumstempi bei den einzelnen Faktoren als möglicher Kriterien hinzuweisen.

Den Unterschieden zwischen einer politökonomischen, prozeßbezogenen Analyse der Wachstumsfaktoren, die die komplexe Wirkungsweise der Wachstumsfaktoren berücksichtigt, und ihrer modellmäßigen, mathematisch-statistischen Erfassung wurde in der Diskussion große Aufmerksamkeit gewidmet, zumal bei der mathematischen Darstellung mit vereinfachenden Annahmen vorgegangen wird und resultierende Größen wie Arbeitsproduktivität und Effektivität hier auch als Faktoren genutzt werden. Beiden Wegen kommt eine spezifische Bedeutung zu, wobei eine Vertiefung der methodologischen Grundlagen weiterhin anzustreben ist. Unter dem Aspekt der prozeßbezogenen Betrachtung können auch Veränderungen der Bedürfnisstrukturen, die Dynamik im Anspannungsgrad der Ressourcen und die Dynamik in der gesellschaftlichen Produktions- und Arbeitsorganisation in Zusammenhang mit den Wachstumsfaktoren gesehen werden.

Einen zweiten Beratungsschwerpunkt stellten die Probleme der Effektivität in der Volkswirtschaft in Verbindung mit dem wissenschaftlich-technischen Fortschritt dar. Dabei ging es, wie auch aus den Konferenzthesen ersichtlich ist, sowohl um Grundfragen der Effektivitätstheorie wie auch um einzelne wichtige Probleme in Zusammenhang mit der volkswirtschaftlichen Effektivitätsentwicklung vom Aspekt der sozialistischen ökonomischen Integration, der Materialökonomie, der Bildung sowie der Territorialstruktur der Investitionen.

Ausgehend von einer Klärung des ökonomischen Inhalts von Produktivität und Effektivität, von ihrer begrifflichen Abgrenzung unter Einbeziehung der Ökonomie des einmaligen Aufwands und von der Darlegung der mit der Bestimmung der Effektivität verbundenen Bewertungsproblematik, konzentrierte sich das Interesse der Diskussionspartner auf die Fragen der Effektivität des wissenschaftlich-technischen Fortschritts. Die Beherrschung der Zusammenhänge zwischen der gesellschaftlichen Zielstellung und der Effektivität des wissenschaftlich-technischen Fortschritts erfordert es einerseits, der Erhöhung der Arbeitsproduktivität und der Vervollkommnung ihrer Bestimmung sowie der Erfassung der Reproduktionsstruktur des Fondsaufwandes in gebrauchswertmäßiger und wertmäßiger Hinsicht große Bedeutung beizumessen. Andererseits müssen neue Effektivitätskriterien hinsichtlich des Beitrages des wissenschaftlich-technischen Fortschritts zur volkswirtschaftlichen Effektivitätsentwicklung gefunden werden, für die die methodologischen Grundlagen noch auszuarbeiten sind. Als ein Beispiel muß dabei die Entwicklung des Volumens der freien, disponiblen Zeit für die Werktätigen angeführt werden.

Aus der Darlegung aller dieser Fragen ergibt sich für die volkswirtschaftliche Effektivitätsbetrachtung Übereinstimmung darin, daß neben das bisher entwickelte System von Effektivitätskriterien, in dem einzelne Kriterien, wie Arbeitsproduktivität, Fondsintensität, Materialintensität, bewertend gegenübergestellt werden, eine komplexe Effektivitätsrechnung treten muß, die zum Beispiel auch die Entwicklung der bestimmenden Strukturrelationen einschließt. In diesem Zusammenhang wurde auch über die Grenzen und Möglichkeiten der Anwendung von Produktionsfunktionen zur Messung der Effektivität der Volkswirtschaft diskutiert.

Ohne auf alle Beiträge eingehen zu können, sei hier noch auf das bisher nicht ausreichend gelöste Problem der Messung der Effektivität der territorialen Verteilung der Produktivkräfte als Teil des Gesamtproblems der Effektivität von Investitionen in der gesellschaftlichen Produktion hingewiesen. Beide Hauptformen der gesellschaftlichen Arbeitsteilung - die nach Zweigen und die nach Territorien - üben entscheidende Einflüsse auf die ökonomische Effektivität aus. Die territorialen Faktoren wirken auf verschiedenen Wegen: durch die optimale territoriale Lenkung der Investitionen, vor allem in Zusammenhang mit der Nutzung vorhandener territorialer Ressourcen und durch den Aufbau möglichst geschlossener technologischer Zyklen auf bestimmten Gebieten der Produktion in bestimmten Territorien. Die territoriale Verteilung der Produktivkräfte ist nicht nur ein ökonomisches, sondern auch ein soziales Problem, ein Hauptmittel für die Realisierung des sozialen Inhalts des ökonomischen Grundgesetzes. Es müssen daher Kriterien bestimmt werden, die sowohl ökonomische als auch soziale Ergebnisse der territorialen Verteilung der Produktivkräfte ausweisen. Es wurde dabei auch darauf hingewiesen, daß die Aspekte der ökonomischen und sozialen Fernwirkungen territorialer Verteilungsprozesse noch unzureichend geklärt sind.

Die künftige, engere Zusammenarbeit wird in verstärktem Maße inhaltlichen und methodologischen Problemen der Effektivität des wissenschaftlich-technischen Fortschritts gewidmet sein.

Dimiter Kinov Gerhard Richter

Krassimira Kirova/Ivan Pašalijev
Boris Tanuzov/Peter Dobrev

ZUR CHARAKTERISIERUNG DES SYSTEMS DER FAKTOREN DES WIRTSCHAFTSWACHSTUMS

1. Im Verlaufe der gesamten Periode der sozialistischen Entwicklung in der VR Bulgarien, besonders nach dem Jahre 1956, wird das Wirtschaftswachstum durch ein hohes, stabiles Tempo charakterisiert. Dieses Wachstumstempo wurde durch Mobilisierung und zielgerichtete Ausnutzung aller ökonomischen und sozialen Ressourcen des Landes erreicht. Die Analyse zeigt, daß im Verlaufe dieses Zeitraums die Wachstumsfaktoren als komplexe, dynamische Kombination auftreten, wobei die Gesetzmäßigkeit eines wachsenden Intensivierungsgrades des Wirtschaftswachstums immer deutlicher wird.

Auf dem IX. Parteitag der BKP im Jahre 1966 wurde auf der Grundlage der herangereiften inneren und äußeren Bedingungen beschlossen, daß die allseitige Intensivierung zur prinzipiellen langfristigen Orientierung unserer Wirtschaftsentwicklung wird.

2. Die umfassende Ausnutzung der Errungenschaften der wissenschaftlich-technischen Revolution bildet die Grundlage dafür, daß das hohe und stabile Wachstumstempo auch in nächster Zukunft beibehalten werden wird. Das wurde auch in den Beschlüssen des X. Parteitages der BKP und in den Direktiven des 6. Fünfjahrplanes hervorgehoben. Das Wirtschaftswachstum hat die Verbesserung des materiellen Wohlstandes der Werktätigen zum Ziel. Das hohe Wachstumstempo ist mit der ständigen Vervollkommnung qualitativer Elemente, insbesondere mit der Steigerung der gesellschaftlichen Arbeitsproduktivität und der Effektivität der Produktion verbunden.

Die Funktionen der Wachstumsfaktoren werden sich in Zukunft bedeutend verändern. Hauptbesonderheit dieser Veränderung ist es, daß das qualitative Anwachsen einer Reihe primärer Wachstumsfaktoren nur noch in geringem Ausmaß möglich ist. Infolgedessen ist die weitere Intensivierung des Prozesses der erweiterten Reproduktion die objektiv einzig mögliche Alternative für die künftige wirtschaftliche Entwicklung.

3. Auf dem Dezemberplenum des ZK der BKP im Jahre 1972 wurde das nationale Programm zur Erhöhung des materiellen und kulturellen Lebensniveaus der Werktätigen angenommen. Besondere Aufmerksamkeit wurde Fragen gewidmet, die mit der weiteren Vervollkommnung der gesellschaftlichen Planung und insbesondere der Volkswirtschaftsplanung verbunden sind und die nur durch ein gezieltes und komplexes Herangehen gelöst werden können. Die Hauptwirkung des Dezemberplenums auf die Wirtschaftspolitik besteht darin, daß die wirtschaftliche Entwicklung auf die Erfüllung eines Komplexes von Programmen orientiert wurde, die zu einer Erhöhung des materiellen und kulturellen Lebensniveaus der Werktätigen in unserem Lande führen werden. Durch die Erreichung dieser Ziele wird die Aufdeckung neuer Reserven und neuer Möglichkeiten zur Beschleunigung des Wirtschaftswachstums noch bedeutsamer. Zugleich besteht auch die Aufgabe, zur Erfüllung des festgelegten Programms die effektivste Nutzung der ökonomischen Ressourcen zu sichern.

4. Die Intensivierung des gesellschaftlichen Reproduktionsprozesses ist eine objektive ökonomische Gesetzmäßigkeit, die sich in qualitativen Veränderungen der Faktoren des Wirtschaftswachstums und des Charakters ihrer Wechselwirkungen ausdrückt. Ihr objektives Ergebnis ist die Einsparung an gesellschaftlicher Arbeit in der Produktion und die Ökonomie der Zeit in allen Sphären des gesellschaftlichen Lebens.

Ihrem Wesen nach gibt es zwischen extensiver und intensiver wirtschaftlicher Entwicklung, zwischen extensivem und intensivem Wachstum keinen Widerspruch. Sie sind zwei Seiten, zwei Charakteristika ein und desselben objektiv verlaufenden Prozesses. In der ökonomischen Realität ergänzen die extensive und intensive Entwicklung einander, wirken im einheitlichen Prozeß der erweiterten sozialistischen Reproduktion aufeinander ein und bedingen einander. Das extensive Wachstum findet seinen Ausdruck in der relativen qualitativen Stabilität der Reproduktionselemente und in bestehender Proportionalität zwischen Aufwand an Produktionsressourcen und erzieltem Effekt; das heißt, Erscheinungsform des extensiven Wachstums sind quantitative Veränderungen der Produktionsbedingungen. Das intensive Wachstum ist sowohl in bezug auf einzelne Faktoren als auch in bezug auf ihre Wechselwirkung Ausdruck qualitativer Veränderungen. Die qualitativen Veränderungen sind Bedingung für die Einsparung an gesellschaftlicher Arbeit und für die Erhöhung der "Produktionspotenz" einzelner Faktoren.

5. Die Erhöhung des Intensivierungsgrades erfordert bestimmte Bedingungen und durchläuft bestimmte Etappen. Ein solcher Verlauf der Intensivierung in Etappen wird sowohl durch die Intensität bei der Veränderung qualitativer Charakteristika einzelner Faktoren als auch durch die qualitative Veränderung ihrer Wechselwirkung im gesamten Reproduktionsprozeß bedingt. Intensivierung der gesellschaftlichen Produktion in reiner Form bedeutet, daß die qualitativen Veränderungen einzelner Faktoren und ihrer Wechselwirkung zu gleichrangigen Veränderungen der wesentlichen qualitativen ökonomischen Charakteristika des Produktionsprozesses führen, wie zum Beispiel zur Erhöhung der Fonds- und Materialquote, zur Einsparung an lebendiger Arbeit sowie zur Erhöhung der Qualität der Erzeugnisse.

In der gegenwärtigen Etappe treten unter dem Einfluß der wissenschaftlich-technischen Revolution immer tiefere und intensive qualitative Veränderungen auf: in der Entwicklung der Wissenschaft und Technik selbst, in den Hauptelementen der Produktivkräfte, in der materiellen und geistigen Produktion, in der Struktur der gesellschaftlichen Konsumtion, im Organisations- und Leitungssystem, in der sozialen Struktur der Gesellschaft, in der Persönlichkeitsentwicklung, im Stil und Rhythmus des gesellschaftlichen Lebens, das heißt in allen Sphären des gesellschaftlichen Lebens.

Die immer breitere und komplexere Anwendung höchster Formen des technischen Fortschritts, wie der Teilautomatisierung, der komplexen Automatisierung, der Anwendung der Kybernetik, der Einführung moderner Technologien, vertieft die gesellschaftliche Arbeitsteilung, dynamisiert und kompliziert grundlegende ökonomische Beziehungen.

Alle diese objektiven Prozesse sind Resultat der wissenschaftlich-technischen Revolution und führen zu einem neuen qualitativen Zustand sowohl einzelner Elemente im System der ökonomischen Wachstumsfaktoren als auch bei der Funktion dieses Systems als Ganzen.

6. Unter den Bedingungen des erreichten Intensivierungsgrades des Reproduktionsprozesses ergeben sich im System der Faktoren des Wirtschaftswachstums immer klarer folgende charakteristische Entwicklungsrichtungen:

- Die Dynamik der quantitativen und qualitativen Veränderungen einzelner Wachstumsfaktoren nimmt zu. Diese Entwicklung einzelner Faktoren führt zum Hinüberwachsen qualitativer Veränderungen in neue Strukturelemente jedes einzelnen Faktors.

- Die strukturellen Beziehungen zwischen den Faktoren werden bereichert, es entstehen neue direkte, indirekte, vertikale und horizontale Verbindungen, die zur Entstehung einer qualitativ neuen Gestalt des Systems und zu neuen Möglichkeiten für seine Wirkungsweise führen.

- Es treten Veränderungen im System- und Funktionscharakter der Wachstumsfaktoren auf: funktionelle Besonderheiten im Verhalten einzelner Faktoren und in ihrer Wechselwirkung mit anderen Faktoren entstehen, die Faktoren des Wirtschaftswachstums werden in ihrer Funktion bereichert. Das führt zur Bildung eines in qualitativer Hinsicht neuen Systems, das neben den neuen qualitativen Merkmalen der Elemente sowohl die entstandenen, qualitativ neuen Zusammenhänge zwischen ihnen als auch die Veränderungen in der Intensität des Wirkens dieser Zusammenhänge einschließt.

- Die Kompliziertheit jedes einzelnen Faktors des Wirtschaftswachstums und der Grad der Dynamik seiner grundlegenden Merkmale nimmt zu. Deshalb wird jeder Faktor zu einem relativ selbständigen, komplex organisierten System. Der Nutzeffekt, der durch den jeweiligen Faktor des Wirtschaftswachstums hervorgebracht und durch ein System von Parametern (physikalische, chemische, biologische, mechanische, ökonomische) ausgedrückt wird, ist seinerseits Ergebnis des Wirkens eines ganzen Systems ökonomischer und nichtökonomischer Faktoren.

Die Veränderungen, die im System der Wachstumsfaktoren auftreten, und ihr Wirken im Reproduktionsprozeß schaffen immer günstigere Bedingungen dafür, daß sich die Kräfte der Gesellschaft voll entfalten und die schöpferischen Möglichkeiten des Landes vollständiger genutzt werden. Die Rolle des subjektiven Faktors beim Wirtschaftswachstum nimmt zu.

Infolge des Wirkens der oben aufgezeigten Tendenzen stellen sich die ökonomischen Wachstumsfaktoren gegenwärtig als kompliziertes, stufenförmiges System dar, das in sich stoffliche, personelle und nichtmaterielle Elemente einschließt, wobei jedes dieser Elemente seinerseits durch eine komplizierte innere Organisation und Dynamik seiner grundlegenden Merkmale gekennzeichnet ist.

Das Wirken des Systems der Faktoren im realen Reproduktionsprozeß bestimmt Tempo, Maßstäbe und Effektivität der gesellschaftlichen Produktion. Diese dient der Erfüllung der komplexen sozialökonomischen Kennziffern zur Erreichung einer immer besseren Befriedigung der materiellen und geistigen Bedürfnisse der Gesellschaft und zur allseitigen Entwicklung des Menschen in der sozialistischen Gesellschaft in geistiger, moralischer und physischer Hinsicht.

7. Es ist notwendig, die vollständige und effektive Ausnutzung der ökonomischen Wachstumsfaktoren in der jeweiligen Periode mit bewußter und zielgerichteter Arbeit für ihre zukünftige Entwicklung und Vervollkommnung zu vereinen, um damit die Voraussetzungen für die künftige ökonomische Entwicklung und die Bedingungen für die stetige Erhöhung der ökonomischen und sozialen Effektivität der Produktion zu schaffen.

Die konkreten Bedingungen bei der wirtschaftlichen Entwicklung in unserem Land und die skizzierten Veränderungen erfordern es, daß sich die Faktoren beschleunigt entwickeln, die Träger der größten Möglichkeiten zur Intensivierung des Reproduktionsprozesses, zur Erhöhung des technischen Niveaus und der Qualität der produzierten Erzeugnisse sind. Die Perspektiven für die Überwindung der im Vergleich zu wirtschaftlich hoch entwickelten Ländern noch bestehenden Unterschiede in einer Reihe allgemeiner qualitativer Kennziffern und die dafür erforderlichen Mittel zeichnen sich ab. In diesem Zusammenhang gewinnen der wissenschaftlich-technische Fortschritt, die Vervollkommnung des Systems der Leitung und Planung sowie die Schaffung eines modernen Systems der Qualifizierung und der Umschulung der Arbeitskräfte besondere Bedeutung.

8. Auch unter den Bedingungen der wachsenden Intensivierung der erweiterten Reproduktion hat das Anwachsen der Anzahl der in der Volkswirtschaft beschäftigten Arbeitskräfte und folglich die Vergrößerung des gesellschaftlichen Arbeitszeitfonds eine bestimmte Bedeutung für das Tempo des Wirtschaftswachstums. Die Analyse zeigt jedoch, daß die Möglichkeiten in dieser Beziehung außerordentlich begrenzt sind. Ursache dafür ist eine ungünstige demographische Entwicklung sowie die Verlängerung der Ausbildungszeiten, die Verkürzung der Arbeitszeit und ähnliche Faktoren. Dadurch erlangt die Intensivierung beim Einsatz der Arbeitskräfte große Bedeutung. Sie muß erreicht werden durch rationelle Ausnutzung der Arbeitszeit, die Vervollkommnung der Arbeitsorganisation, die schnelle Erhöhung der Qualifikation aller Werktätigen, besonders der Arbeiter mit niedrigem Qualifikationsniveau, die Sicherung weitestgehender Übereinstimmung zwischen der Berufs- und Qualifikationsstruktur und den Bedürfnissen der Produktion und andere Maßnahmen.

Für die Erhöhung der qualitativen Merkmale der Arbeitskräfte spielt das Bildungssystem in der gegenwärtigen Etappe eine entscheidende Rolle. Das Bildungssystem schließt den wichtigsten Teil der Bedingungen ein, von denen die Herausbildung des subjektiven Faktors entsprechend den gegenwärtigen Anforderungen abhängt. Es wird zu einem selbständigen, kompliziert organisierten System, das einen immer größer werdenden Teil der ökonomischen Ressourcen beansprucht. Durch die Entwicklung der qualitativen Seite des Faktors Arbeitskraft übt das Bildungswesen einen indirekten Einfluß auf das ökonomische Wachstumstempo aus, der immer wesentlicher und fühlbarer wird. Wenn man den Einfluß des Faktors Bildung auf das ökonomische Wachstum einschätzen will, muß man differenziert vorgehen. Wichtig ist vor allen Dingen der Effekt, der infolge der Entwicklung der qualitativen Merkmale der Arbeitskräfte im unmittelbaren Arbeitsprozeß erreicht wird, denn Bildung, die nicht unmittelbar angewandt wird, erzielt keinen ökonomischen Effekt und kann folglich keinen Einfluß auf die Kennziffern des Wirtschaftswachstums nehmen.

Immer größere Bedeutung erlangt unter den gegenwärtigen Bedingungen die Umschulung der Arbeitskräfte sowie die Schaffung eines speziellen Systems zur Auswahl und beschleunigten Entwicklung befähigter und talentierter Jugendlicher.

Für die Herausbildung eines Arbeiters neuen Typs reicht die Aneignung nur einer bestimmten Menge beruflicher Kenntnisse nicht aus. Große Bedeutung neben der Bildung erlangt unter den gegenwärtigen Bedingungen auch ein ganzes System anderer Tätigkeitsarten, die mit der qualitativen Vervollkommnung des Faktors Arbeitskraft verbunden sind. Dazu gehört die Vervollkommnung der Arbeitsorganisation, die Lösung einer Reihe ergonomischer Probleme und die Erhöhung des kulturellen Niveaus der Werktätigen und des sozialistischen Bewußtseins. Es handelt sich hier konkret um die stärkere Heranführung der Werktätigen an die Werte der Kultur, insbesondere der Kultur der Arbeit, des Denkens, der Verhaltens- und Lebensweise, um die Herausbildung des Strebens nach selbständiger schöpferischer Tätigkeit, die Festigung der Arbeitsdisziplin sowie einer neuen Einstellung zum gesellschaftlichen Eigentum, die Entwicklung des Kollektivdenkens und schließlich um die Anwendung eines effektiveren Systems materieller und moralischer Stimuli und höherer Verantwortlichkeit. Die Bedeutung spezifischer Formen der Aufdeckung sozialer Ressourcen - wie Verbreitung und Vervollkommnung der besten Erfahrungen in allen Sphären der menschlichen Tätigkeit, Entfaltung des sozialistischen Wettbewerbs und Vervollkommnung der sozialistischen Demokratie - nimmt zu. Die Intensivierung des Faktors Arbeitskraft ist eine besonders wichtige Voraussetzung, um das Gesamtsystem der ökonomischen Wachstumsfaktoren zu vervollkommnen und neue Wege bei der Aneignung des technischen Fortschritts, der Verbesserung der Leitung und Planung usw. zu bahnen.

9. Im System der Faktoren des ökonomischen Wachstums nimmt der wissenschaftlich-technische Fortschritt objektiv den Platz des hauptsächlichen, fundamentalen Faktors ein. Der wissenschaftlich-technische Fortschritt als Materialisierung der potentiellen Möglichkeiten der wissenschaftlich-technischen Revolution ist die Quelle der dynamischen Entwick-

lung aller qualitativen Veränderungen, die ohne Ausnahme bei allen Faktoren des ökonomischen Wachstums vor sich gehen. Gerade durch die Anwendung von Ergebnissen des wissenschaftlich-technischen Fortschritts werden die Arbeitsmittel und -gegenstände, die technologische Basis der Produktion und die Konsumgüter weiterentwickelt, werden die technische Basis und die wissenschaftlichen Prinzipien zur Vervollkommnung des Organisations-, Leitungs- und Planungssystems der Volkswirtschaft geschaffen. Vom Standpunkt seiner objektiven Funktionen tritt der wissenschaftlich-technische Fortschritt als Faktor auf, der das Gesamtsystem der ökonomischen Wachstumsfaktoren intensiviert, und in diesem Sinne ist sein Einfluß auf das ökonomische Wachstum ein mittelbarer, indirekter, durch andere Wachstumsfaktoren ausgeübter Einfluß. Gleichzeitig jedoch verselbständigt sich der wissenschaftlich-technische Fortschritt, das heißt, er wird objektiv zu einem relativ selbständigen, durch seine spezifische innere Organisation charakterisierten System, für dessen Funktionsfähigkeit die Gesellschaft immer mehr materielle und Arbeitskräfteressourcen bereitstellt und dessen Funktionieren immer mehr zum selbständigen Gegenstand wird. Der Grad, in dem der wissenschaftlich-technische Fortschritt auf das Wirtschaftswachstum einwirkt, ist seinerseits Ergebnis des Einflusses einer Vielzahl von Faktoren, die im System des wissenschaftlich-technischen Fortschritts selbst und außerhalb dieses Systems wirken. In diesem Sinne und von diesem Gesichtspunkt aus läßt sich ausreichend begründen, daß der wissenschaftlich-technische Fortschritt als selbständiger, durch eine besondere Form des Einflusses charakterisierter Faktor des ökonomischen Wachstums zu betrachten ist.

Für die vollständige Aufdeckung der Möglichkeiten des wissenschaftlich-technischen Fortschritts als Faktor des ökonomischen Wachstums ist eine ganze Reihe spezifischer Bedingungen und Voraussetzungen notwendig. Die Erhöhung der Effektivität und der Stärke des Einflusses des wissenschaftlich-technischen Fortschritts hängt von einer effektiven inneren Struktur der Wissenschaft und des technischen Fortschritts ab. Diese Struktur muß den Gesetzmäßigkeiten der Entwicklung der Wissenschaft selbst Rechnung tragen, aber auch den spezifischen Erfordernissen des Landes entsprechen, die sich aus der gegenwärtigen Spezialisierung, Konzentration und Organisation der Wissenschaft ergeben. Sie beinhaltet auch geeignete Formen, um hohe wissenschaftliche Leistungen zu erreichen, eine richtige Strategie beim Erwerb von Lizenzen usw.

Eine wichtige Kennziffer der Erhöhung der Effektivität des wissenschaftlich-technischen Fortschritts und der Verstärkung seines Einflusses auf das ökonomische Wachstum ist die ständige Verkürzung des Zyklus "Wissenschaft-Produktion". Bei der Nutzung der Ergebnisse der wissenschaftlich-technischen Revolution gewinnt die Information immer größere Bedeutung. Die qualitativen Merkmale der genutzten Information beeinflussen die Effektivität ökonomischer Entscheidungen und damit auch das ökonomische Wachstum wesentlich. Um den Einfluß des wissenschaftlich-technischen Fortschritts auf das ökonomische Wachstum zu charakterisieren, muß eingeschätzt werden, wie intensiv die Verbindungen dieses Faktors mit anderen ökonomischen Wachstumsfaktoren und die Beziehungen bei der Spezialisierung und Kooperation mit dem wissenschaftlichen Potential anderer sozialistischer Länder sind.

10. Ein anderer Faktor mit ausgeprägten und immer klarer in Erscheinung tretenden vielseitigen Funktionen sind die außenwirtschaftlichen, wissenschaftlichen, Produktions- und Handelsverbindungen unseres Landes und dabei insbesondere die sozialistische ökonomische Integration der RGW-Mitgliedsländer. Die sozialistische ökonomische Integration zeigt sich im Rahmen des gesamten Produktionszyklus, der Forschung, der Rohstoffbasis, des Handels usw. Sie tritt auch objektiv als wichtige Bedingung für das Wirksamwerden anderer Faktoren und als unmittelbare, das Wirtschaftswachstum beschleunigende Kraft auf. Der konkrete Einfluß der sozialistischen Integration zeigt sich in der Schaffung der Bedingungen für die Erhöhung der Effektivität der Forschungstätigkeit, für die Entwicklung der Kooperation und Spezialisierung der Produktion in neuen Maßstäben, für die Erhöhung der Harmonie und Proportionalität der ökonomischen Entwicklung und der Vervollkommnung der Konsumtionsstruktur.

11. Ein anderer Faktor mit mittelbarem Einfluß auf das ökonomische Wachstum ist die Vervollkommnung der Zweig-, Wirtschafts- und Terri-

torialstruktur der gesellschaftlichen Produktion. Die Auswirkung dieses Faktors besteht darin, daß entsprechend den Bedingungen und objektiven Möglichkeiten des Reproduktionsprozesses vorrangig die Zweige entwickelt werden, die wissenschaftsintensiv sind, hochqualifizierte komplizierte Arbeit nutzen, durch relativ niedrige Fonds- und Materialintensität charakterisiert werden und materielle Träger höherer Formen des wissenschaftlich-technischen Fortschritts und damit auch der Intensivierung des gesamten Produktionsprozesses sind. Die grundlegende Aufgabe, die mit dem Wirken dieses Faktors verbunden ist, besteht in der Notwendigkeit, die Bedingungen für eine flexible Anpassung an die Forderungen des internationalen Marktes, der internationalen Spezialisierung und Kooperation zu schaffen. Daneben bestehen auch Aufgaben, die mit der Erfüllung wichtiger sozialer Programme verbunden sind.

12. Ein Faktor, dessen Rolle und Bedeutung für die verstärkte Intensivierung des Reproduktionsprozesses mit der Erhöhung des Produktivkraftniveaus und der wachsenden Verflechtung des gesellschaftlichen Produktionssystems kontinuierlich zunimmt, ist die Vervollkommnung der Planung, insbesondere der Organisation, Leitung und Planung der Produktion. Die wesentliche funktionelle Besonderheit dieses Faktors ist seine Fähigkeit, die Funktionen des Gesamtsystems der ökonomischen Wachstumsfaktoren zu verknüpfen, zu festigen, optimal zu koordinieren und zu lenken. Die Vervollkommnung der Produktionsplanung und -organisation auf allen Ebenen auf Grundlage der modernen technischen Basis und wissenschaftlicher Prinzipien wird zu einer erstrangigen Voraussetzung, um die potentiellen Möglichkeiten für die Intensivierung des Gesamtsystems der ökonomischen Wachstumsfaktoren verstärkt aufzudecken.

13. Ein wichtiges Glied im System der ökonomischen Wachstumsfaktoren sind die Investitionsprozesse und die Investitionspolitik. Die Investitionsprozesse und insbesondere die produktive Akkumulation beeinflussen unmittelbar das Tempo und die Maßstäbe des Produktionszuwachses sowie die Verbesserung allgemeiner qualitativer Kennziffern. Die Effektivitätssteigerung dieses Faktors ist mit der Lösung einer Reihe von Problemen verbunden, die in ihrer Gesamtheit seine Effektivität und die Stärke seines

Einflusses bestimmen. Es handelt sich hier konkret um die Festlegung einer optimalen Akkumulationsrate und die Wahrung der richtigen Proportionen bei der Aufteilung des Akkumulationsfonds nach Zweigen und großen territorialen Einheiten, um die Vervollkommnung der Reproduktions- und der technologischen Struktur, die Konzentration der Investitionen, die Verkürzung der Bauzeiten, die Vervollkommnung der Forschung und Projektierung, die Koordinierung der Projektierung und die Bereitstellung notwendiger Anlagen, um das Baugeschehen, die Montage, die schnelle Erreichung der projektierten Kapazitäten usw.

Auf das ökonomische Wachstum wirken sich auch die intensive Auslastung des Produktionsapparates, die geschaffene materiell-technische Basis, die effektive Nutzung der Rohstoffe und Materialien sowie eine Reihe anderer Faktoren mit länger- oder kurzfristiger Einwirkung aus, wie die internationale Lage, klimatische Einflüsse in der Landwirtschaft und ähnliches.

14. Die sozialistische Gesellschaft befindet sich dann in der Entwicklungsetappe des Aufbaus der entwickelten sozialistischen Gesellschaft, wenn es möglich wird, die Proportionalität der Entwicklung aller Sphären des gesellschaftlichen Lebens zu verstärken und immer effektiveren und zielgerichteteren Einfluß auf die gesellschaftliche Entwicklung durch bewußte Ausnutzung der ökonomischen Gesetzmäßigkeiten auszuüben. Dies erfordert, die Natur des Sozialismus als funktionierendes, sich dynamisch entwickelndes sozialökonomisches System verstärkt zu untersuchen, noch tiefer in seine ökonomischen und sozialen Gesetzmäßigkeiten, deren Wirkungsmechanismus und Erscheinungsformen einzudringen und auf dieser Grundlage alle ökonomischen und sozialen Kräfte und Reserven vollständiger zu beherrschen und zielgerichteter auszunutzen, um so den gesellschaftlichen Fortschritt zu beschleunigen.

Alfred Tomm

ZU FRAGEN DER SYSTEMBEZIEHUNGEN VOLKSWIRTSCHAFTLICHER REPRODUKTIONSFAKTOREN BEI DER INTENSIVIERUNG IM SOZIALISMUS

1. Zusammenhänge zwischen Intensivierung, Wachstums- und Reproduktionsfaktoren

Die dem vorwiegend intensiven Reproduktionstyp zugrunde liegenden sozialökonomischen Prozesse rücken den Menschen mit seinen Bedürfnissen in den Mittelpunkt. So begründeten die Klassiker des Marxismus-Leninismus, daß erst im Sozialismus die Möglichkeit besteht, "vermittels der gesellschaftlichen Produktion allen Gesellschaftsmitgliedern eine Existenz zu sichern, die nicht nur materiell vollkommen ausreichend ist und von Tag zu Tag reicher wird, sondern die ihnen auch die vollständige freie Ausbildung und Betätigung ihrer körperlichen und geistigen Anlagen garantiert..."[1] Lenin forderte, "den gesellschaftlichen Produktionsprozeß im Interesse des Wohlstandes und der allseitigen Entwicklung aller Mitglieder der Gesellschaft" planmäßig zu organisieren.[2]

Diese in der Hauptaufgabe des VIII. Parteitages der SED zum Ausdruck kommenden Ziele stellen an die Intensivierung der Produktion und auch der anderen Phasen des Reproduktionsprozesses der sozialistischen Wirtschaft neue und höhere Anforderungen. Immer stärker wird diese Entwicklung durch den Umfang und die Tiefe des Wirkens des ökonomischen Grundgesetzes und der anderen ökonomischen Gesetze im Sozialismus bestimmt. Dafür ist die Herausbildung spezifischer Bedürfnisse in einer vielschichtigen Struktur charakteristisch, die durch die Erfordernisse der entwickelten sozialistischen Gesellschaft qualitativ geprägt wird. Hierbei geht es unter anderem um Bedürfnisse der Arbeiterklasse und ihrer Verbündeten, die zur aktiven gesellschaftlichen Betätigung, zur schöpferischen Arbeit, zum bewußten Streben nach Bildung und Kultur und zur Festigung der Gemeinschaftsbeziehungen führen. Die dadurch bewirkte Vervollkommnung der sozialistischen Produktionsverhältnisse dient nicht nur der allseitigen Entwicklung und Persönlichkeitsbildung der Werktätigen, sondern erfordert auch in wachsendem Maße allseitig gebildete Menschen.

Die zur weiteren Festigung der entwickelten sozialistischen Gesellschaft gesetzten Ziele sind bei ihrer schrittweisen Verwirklichung an bestimmte gesellschaftliche Voraussetzungen und Mittel gebunden. Demzufolge liegen den Grundprozessen beziehungsweise Haupttendenzen der intensiven Reproduktion der Volkswirtschaft spezifische Formen der Ziel-Mittel-Relation zugrunde. Sie haben den Erfordernissen des ökonomischen Grundgesetzes des Sozialismus weitgehend Rechnung zu tragen. Diese werden in ihrem qualitativen Inhalt durch den Charakter der sozialistischen Produktionsverhältnisse in ihrer sozialökonomischen Funktion und Orientierung bestimmt. Ihre Dynamik findet in der Erhöhung der Effektivität der gesellschaftlichen Arbeit, deren Kernstück die Steigerung der Arbeitsproduktivität ist, ihren sichtbaren Ausdruck. Für die Verwirklichung der auf dem VIII. Parteitag der SED beschlossenen Hauptaufgabe ist die Steigerung der Arbeitsproduktivität das Hauptkettenglied.[3]

Der vorwiegend intensive Reproduktionstyp, der als Hauptweg des Wachstums der Wirtschaft der entwickelten sozialistischen Gesellschaft sowohl die einfache als auch die erweiterte Reproduktion in ihren zunehmenden Verflechtungsbeziehungen umfaßt, muß demzufolge der kontinuierlichen Erhöhung der Effektivität und Produktivität der gesellschaftlichen Arbeit Rechnung tragen. Diese ist das Hauptkriterium der Intensivierung, das sich auf der Ebene der Volkswirtschaft im Zuwachs des gebrauchswertmäßigen, real verfügbaren Nationaleinkommens in bedarfsgerechter Struktur je Berufstätigen und je Einwohner beziehungsweise in der Senkung des Gesamtaufwandes an lebendiger und vergegenständlichter Arbeit je Einheit bedarfsgerecht strukturierten Nationaleinkommens äußert.

Hiervon ausgehend ergibt sich die Frage, durch welche gesellschaftlichen Ursachen und Faktoren im Zuge der Intensivierung der sozialistischen Wirtschaft bewußte und planmäßige Wirkungen zur Erhöhung der Effektivität und Produktivität der gesellschaftlichen Arbeit erzielt werden können. Die als gesellschaftliche Ursachen wirkenden wesentlichen Erscheinungen, Tendenzen und Prozesse bestimmen maßgeblich das Tempo und die Effektivität der Intensivierung des Reproduktionsprozesses der Volkswirtschaft. Dabei wird von dem tiefen Inhalt des Wortes von Engels im "Anti-Dühring" ausgegangen, daß die von den Werktätigen "in Bewegung gesetzten gesellschaftlichen Ursachen vorwiegend und in stets steigendem Maße auch die von ihnen gewollten Wirkungen haben."[4]

Sie können demzufolge als bestimmende volkswirtschaftliche Reproduktionsfaktoren bezeichnet werden, soweit sie alle Grundformen der Reproduktion betreffen. Als Wachstumsfaktoren bringen sie vorwiegend die Prozesse der erweiterten Reproduktion zum Ausdruck, als Intensivierungsfaktoren charakterisieren sie im wesentlichen die Prozesse der intensiven Reproduktion (einfach und erweitert) der Volkswirtschaft. Die Dynamik der wachsenden Verflechtung zwischen einfacher und erweiterter Reproduktion und die im Zuge der Intensivierung sich erhöhende Effektivität und Produktivität sind somit das Ergebnis des Zusammenwirkens nicht nur eines bestimmten oder mehrerer isoliert voneinander fungierender Faktoren, sondern das der optimalen Kombination aller bestimmenden Wachstums- beziehungsweise Intensivierungsfaktoren.

Die Wachstums- und Intensivierungsfaktoren können ganz allgemein als komplexe und eng miteinander verflochtene aktive Elemente und deren Beziehungen im Zuge der Intensivierung der einfachen und erweiterten Reproduktion der sozialistischen Wirtschaft betrachtet werden. Die dadurch bewirkte Erhöhung der Effektivität und Produktivität der gesellschaftlichen Arbeit ist in den einzelnen Reproduktionsphasen (Produktion, Distribution, Zirkulation und Konsumtion) an das komplexe und kombinierte Zusammenwirken der Wachstums- und Intensivierungsfaktoren in Form eines Systems gebunden. Dem Charakter dieses Systems entsprechend wird durch die produktiven Funktionen des gesellschaftlichen Arbeitsvermögens das synchrone Zusammenwirken aller anderen Wachstums- beziehungsweise Intensivierungsfaktoren herbeigeführt. Dementsprechend genügt es nicht, etwa nur die Wirkungsweise einzelner Faktoren prozeßbezogen zu erforschen. Vor allem geht es um die Klärung der inneren Beziehungen und Verflechtungen im Rahmen einzelner und der Gesamtheit der Wachstums- und Intensivierungsfaktoren sowie ihrer Zusammenhänge hinsichtlich der ausgelösten Wirkungen auf die Effektivitäts- und Produktivitätsentwicklung. Die effektive Gestaltung des Systems der Wachstums- und Intensivierungsfaktoren erfordert deshalb den rationellen Einsatz und die intensive Nutzung jedes einzelnen Faktors, das heißt eine optimale Kombination im Rahmen der sozialistischen Leitungs- und Planungstätigkeit der Betriebe, Kombinate, VVB und Ministerien.

In der ökonomischen Literatur der sozialistischen Länder gibt es recht unterschiedliche Auffassungen vor allem zur Systematisierung der volkswirtschaftlichen Wachstumsfaktoren.[5] Mit der schrittweisen Verwirklichung des Hauptweges des Wirtschaftswachstums in der entwickelten sozialistischen Gesellschaft, der Intensivierung, ergeben sich einerseits quantitativ und qualitativ neue Anforderungen an das effektive Zusammenwirken der elementaren Faktoren - Arbeitsvermögen, Arbeitsmittel und Arbeitsgegenstände - im volkswirtschaftlichen Reproduktionsprozeß. Diese neuen und höheren Maßstäbe der elementaren Faktoren werden jedoch andererseits durch bestimmte Erscheinungen, Tendenzen und Prozesse vermittelt, die der Durchsetzung des intensiven Reproduktionstyps dienen. Demzufolge ist zwischen den elementaren Faktoren, den Wachstums- und Intensivierungsfaktoren im engeren Sinne, und den durch sie vermittelten Faktoren und Prozesse, die sich aus den konkreten Erfordernissen der Intensivierung der sozialistischen Wirtschaft ergeben, zu unterscheiden. Letztere können als Wachstums- und Intensivierungsfaktoren im weiteren Sinne betrachtet werden. Sie werden auch als qualitative Faktoren bezeichnet.[6] Wesentlich hierbei ist, daß im Zuge der Intensivierung die zunehmenden Verflechtungen zwischen beiden Faktorengruppen planmäßig beherrscht werden müssen.

Dabei geht es um die rationelle Gestaltung des Vergesellschaftungsprozesses der Produktion und der Arbeit als Ganzes, insbesondere um den effektiven Einsatz solcher die Intensivierung des volkswirtschaftlichen Reproduktionsprozesses bestimmenden Wachstums- und Intensivierungsfaktoren (im weiteren Sinne) wie:

- die Vervollkommnung des wissenschaftlichen Niveaus der Leitung, Planung und Stimulierung der Volkswirtschaft,
- die Erschließung der produktiven Potenzen der Wissenschaft,

- die Erhöhung und Nutzung des Bildungsniveaus,
- die Verbesserung der Bedürfnis- sowie Erzeugnis- und Aufwandsstrukturen der Bereiche und Zweige der Volkswirtschaft (einschließlich der materiell-technischen Territorialstruktur),
- die weitere Vertiefung der sozialistischen ökonomischen Integration und die damit verbundene effektive Gestaltung der Außenwirtschaftsbeziehungen,
- die Erhöhung des Wirkungsgrades und der Nutzung der natürlichen Ressourcen sowie die Vervollkommnung der Umweltbedingungen,
- die schrittweise Verbesserung der Arbeits- und Lebensbedingungen der Werktätigen und anderes.

Charakteristisch für die Wirkungsweise dieser den Intensivierungsgrad der Volkswirtschaft bestimmenden Faktoren im weiteren Sinne ist, daß sie quantitative und qualitative Veränderungen im Bestand, in der Struktur, Nutzung und Effektivität der elementaren Wachstums- und Intensivierungsfaktoren verursachen. Diese äußern sich darin, daß die elementaren Wachstums- und Intensivierungsfaktoren qualitativ verbessert, im Umfang erweitert, rationeller eingesetzt, besser genutzt und die Substitutionsprozesse effektiver gestaltet werden.

2. Zu den Wachstums- und Intensivierungsfaktoren im weiteren Sinne

Wie bereits erwähnt, liegen den Wachstums- und Intensivierungsfaktoren im weiteren Sinne Erscheinungen, Tendenzen und Prozesse zugrunde, die zur Vervollkommnung der elementaren Wachstumsfaktoren führen sowie eine kontinuierliche Erhöhung der Effektivität und Produktivität der gesellschaftlichen Arbeit bewirken. Ihr Wirkungsablauf und Wirkungsgrad werden somit vermittelt und finden dementsprechend in qualitativen und quantitativen Veränderungen des gesellschaftlichen Arbeitsvermögens und der Produktionsfonds ihren Ausdruck.

Folgende eng miteinander verflochtene Tendenzen beziehungsweise Prozesse sind bestimmend für die Wirkungsweise der Wachstums- und Intensivierungsfaktoren im weiteren Sinne:

2.1. Die Wissenschaft dringt immer stärker in alle Bereiche des gesellschaftlichen Lebens ein. Sie schafft neue Bedürfnisse und Möglichkeiten für ihre Befriedigung. Ihre planmäßige Anwendung sichert die Vervollkommnung der Gesamtheit der Wachstums- und Intensivierungsfaktoren und bestimmt das Tempo der Erhöhung der Effektivität und Produktivität der gesellschaftlichen Arbeit maßgeblich.

Hinsichtlich der elementaren Wachstumsfaktoren stößt die Nutzung der Wissenschaft, zum Beispiel in Form des wissenschaftlich-technischen Fortschritts, auf immer größere Mengen vergegenständlichter Arbeit, so daß die gesellschaftlich einmaligen Aufwendungen für die Produktion gegenüber den laufenden Aufwendungen je Erzeugnis- beziehungsweise Leistungseinheit ständig zunehmen. Dieser Widerspruch ist von einer bestimmten Stufe ab nicht mehr durch extensiv erweiterte Reproduktion zu lösen, sondern vorwiegend über die ständige Vervollkommnung der vorhandenen Reproduktionsfonds. Damit wird der wissenschaftlich-technische Fortschritt eine bestimmende Komponente und die sozialistische Rationalisierung zur Hauptmethode der Intensivierung.

2.2. Die Intensivierung der volkswirtschaftlichen Reproduktion erfordert zugleich die volle Entfaltung der Bildungspotenzen der Arbeiterklasse und aller anderen Werktätigen. Die Verwirklichung dieser Aufgabe ist eng mit der raschen Entwicklung des sozialistischen Bildungssystems und dessen Wirkung auf die Erhöhung des Qualifikationsniveaus des Arbeitsvermögens, seiner Struktur und Nutzung im Zusammenhang verknüpft. So ergibt sich die Aufgabe, eine zeitlich bessere und bedarfsgerechte Übereinstimmung zwischen der Entwicklung der Grundprozesse der Intensivierung und den objektiv notwendigen Veränderungen im Inhalt, in der Struktur, Nutzung und Effektivität des Bildungs- und Qualifikationsniveaus der Werktätigen zu sichern. Deshalb müssen hohe Anforderungen an die bedarfsgerechte Ausbildung und den rationellen Einsatz der Facharbeiter sowie der Hoch- und Fachschulabsolventen, die Beschleunigung der Erwachsenenqualifizierung, die effektivere Nutzung der zunehmenden Fondsausstattung der Bildungseinrichtungen sowie die kontinuierliche Erhöhung der Effektivität der Bildungspotenzen gestellt werden.

2.3. Neue und höhere Maßstäbe ergeben sich durch den intensiven Reproduktionstyp auch an die weitere Vervollkommnung der Bedürfnis- sowie Erzeugnis- und Aufwandsstrukturen der Sphären, Bereiche, Zweige, Kombinate und Betriebe der Volkswirtschaft. Auf diese Weise wird der Einsatz der elementaren Wachstumsfaktoren vervollkommnet, was sich in enger Verbindung mit der Mobilisierung und raschen Nutzung der produktiven Potenzen des wissenschaftlich-technischen Fortschritts im Sozialismus vollzieht.

Die Erfordernisse zur Vervollkommnung der Bedürfnis- und Aufwandsstrukturen, die eng mit der weiteren Vertiefung der sozialistischen ökonomischen Integration verbunden ist, sowie der wissenschaftlich-technische Fortschritt stimulieren hierbei zunehmend die revolutionären, qualitativ neuen Prozesse der wissenschaftlich-technischen Revolution im Sozialismus. Durch sie vollziehen sich tiefreichende Veränderungen im Rahmen der elementaren Wachstumsfaktoren, zum Beispiel in der materiell-technischen Struktur der Produktionsfonds, und auch in der Leitung der Volkswirtschaft. Zugleich treten vielschichtige Wirkungen in der Stellung, Funktion, Einsatzstruktur, Bildung und Qualifizierung sowie Nutzung des gesellschaftlichen Arbeitsvermögens ein. Hierbei sind die komplexen Beziehungen zwischen der Entwicklung des Arbeitsvermögens und der Produktionsfonds, insbesondere der Zuwachs der Fondsausstattung der Arbeit, sowie die weitere Vervollkommnung der technischen und organischen Zusammensetzung der Reproduktionsfonds der Volkswirtschaft wesentliche Intensivierungstendenzen.

2.4. Erhebliche Auswirkungen auf die Bedürfnis- und Aufwandsstrukturen sowie den wissenschaftlich-technischen Fortschritt haben die Prozesse, die zur weiteren Vertiefung der sozialistischen ökonomischen Integration führen. Sie vervollkommnen die Wirkungsbedingungen und den internationalen Charakter des Wirkens der ökonomischen Gesetze im Sozialismus wesentlich. Rasch schreitet durch sie der Vergesellschaftungsprozeß der Produktion und der Arbeit sowie die mit ihm eng verbundene Vervollkommnung der gesellschaftlichen Arbeitsteilung voran. Wachsende Bedeutung gewinnt dabei zum Beispiel die Verwirklichung effektiver Grundrichtungen der sozialistischen ökonomischen Integration und solcher von ihr ausgelösten Einflüsse auf die Entwicklung der elementaren Wachstumsfaktoren, die zur weiteren Konzentration (insbesondere Schaffung leistungsfähiger Großproduktion), Spezialisierung, Kooperation, zu gemeinsamen Investitionen und ähnlichem führen.

Vor allem wachsen die Anforderungen an die optimale Kombination der Wachstumsfaktoren, die mit der weiteren Vervollkommnung des Leitungs- und Planungssystems der sozialistischen Wirtschaft auf betrieblicher und überbetrieblicher Ebene eng verbunden ist.

2.5. Im Zuge der Verwirklichung des intensiven Reproduktionstyps hat die Entwicklung des Verhältnisses zwischen Erneuerungs- und Erweiterungsinvestitionen auf die effektive Gestaltung des Systems der Wachstumsfaktoren erheblichen Einfluß. Ausgehend von der ökonomisch realen Entwicklung der Akkumulationskraft der Volkswirtschaft, ist die Aufgabe zu lösen, den Anteil der Erneuerungsinvestitionen am gesamten Investitionsvolumen zu erhöhen. Dies ist in der DDR besonders vordringlich, da noch viele Betriebe neben hochproduktiven Ausrüstungen Grundfonds einsetzen, die auf Grund ihres relativ hohen Veraltungsgrades möglichst rasch auszusondern sind. Hierbei treten Fragen in den Vordergrund, die mit der Entwicklung des Umfangs, der Struktur, der Nutzung und der Effektivität der Erneuerungs- und Erweiterungsinvestitionen verbunden sind. Für die Stimulierung der Aussonderung veralteter Fonds, die Arbeitsplatzgestaltung sowie die Verbesserung der Arbeitsbedingungen und andere sozialökonomische Aufgaben ergeben sich höhere Anforderungen.

2.6. So wird die Akkumulationskraft der sozialistischen Gesellschaft entsprechend den Erfordernissen des intensiven Reproduktionstyps zukünftig für die Erschließung von Ressourcen an Energie und Rohstoffen (einschließlich gemeinsamer Investitionsvorhaben sozialistischer Länder), für die Bewältigung der wachsenden Umformungsprozesse von Rohstoffen und vor allem für die Vervollkommnung der Umweltbedingungen (zum Beispiel Verbesserung des Bodens, Be- und Entwässerung, Erhöhung des Reinheitsgrades der Luft und des Wassers, Einschränkung des Lärms, Aufbereitung und Wiedereinsatz von Abfallprodukten) erheblich beansprucht. So ist bereits in den Prozessen der Forschung und Entwicklung, Projektierung und Konstruktion möglichst abzusichern, daß die umweltschädigenden Einflüsse gering gehalten oder ausgeschaltet werden. Demzufolge sind Wissenschaft, Technik und Technologie, produktive, gesellschaftliche und individuelle Konsumtion so zu entwickeln, daß Störungen innerhalb der Kreisläufe zur Reproduktion der natürlichen Umweltbedingungen sowie zwischen diesen Kreisläufen und dem zeitlichen und räumlichen Reproduktionsablauf der Volkswirtschaft minimiert werden.

2.7. Im Zuge der weiteren Intensivierung der Volkswirtschaft wachsen auch erheblich die Verflechtungsbeziehungen zwischen materieller und nichtmaterieller Sphäre der Volkswirtschaft. Hierbei geht es insbesondere darum, die spezifischen Grundrichtungen für die Vervollkommnung solcher Bereiche der nichtmateriellen Sphäre wie Wissenschaft, Bildung, Kultur, Gesundheitswesen, Erholung, Sport, Sozialwesen und ähnliche Bereiche bedarfsgerecht entsprechend den Erfordernissen zur Lösung der Hauptaufgabe zu entwickeln. Damit werden schrittweise notwendige Voraussetzungen für die Erhöhung der Konsumtionsfähigkeit, insbesondere für die bessere Befriedigung solcher spezifischer Bedürfnisse geschaffen, die zur weiteren Festigung des sozialistischen Bewußtseins, zur Erhöhung des Bildungsniveaus, zur Entwicklung des geistig-kulturellen Lebens, zur Hebung der sozialistischen Moral und Arbeitsdisziplin, zur Vervollkommnung der Arbeitskultur, zur schöpferischen Freizeitgestaltung sowie zur Verbesserung der Arbeits- und Lebensbedingungen der Werktätigen führen.

3. Zu den Wachstums- und Intensivierungsfaktoren im engeren Sinne

Ausgehend von den zunehmenden Wechselbeziehungen zwischen Wachstums- und Intensivierungsfaktoren im weiteren und engeren Sinne, erhöht sich vor allem die Stellung und Funktion des subjektiven Faktors.

Die wachsende Rolle des Arbeitsvermögens bei der Intensivierung der Volkswirtschaft drückt sich vor allem darin aus, daß die Werktätigen als bewußte Mitgestalter des sozialistischen Staates, als Träger der sozialistischen Demokratie, als sozialistische Eigentümer der Produktionsmittel sowie als Produzenten und Konsumenten des gesellschaftlichen Reichtums fungieren. Dabei zeigt sich als eine Grundfrage, daß das Denken, Verhalten und Handeln der Werktätigen mit den Erfordernissen der ökonomischen Gesetze in Übereinstimmung zu bringen ist. Gesetzmäßig wächst hierbei die führende Rolle der Arbeiterklasse und ihrer marxistisch-leninistischen Partei.

In diesem Zusammenhang kommt der weiteren Festigung des sozialistischen Bewußtseins der Werktätigen, der Verstärkung ihrer aktiven Mitarbeit bei der Leitung und Planung, der Erhöhung des geistig-kulturellen Niveaus, der Zunahme des schöpferischen Charakters ihrer Arbeit, ihrer Bildung und Qualifikation sowie der schrittweisen Verbesserung der Arbeits- und Lebensbedingungen eine wachsende Bedeutung zu. Im Ergebnis dieses Prozesses verstärken sich die Möglichkeiten der entwickelten sozialistischen Gesellschaft, ihre Vorzüge mit der weiteren Entfaltung der Potenzen der wissenschaftlich-technischen Revolution eng zu verbinden sowie ihre Triebkräfte und Ressourcen zur effektiveren Nutzung der ökonomischen Gesetze des Sozialismus noch wirksamer entfalten zu können.

Die wachsende Rolle des subjektiven Faktors findet im Zuge der Intensivierung unter anderem darin ihren Ausdruck, daß die Anstrengungen der sozialistischen Gesellschaft zur effektiveren Nutzung des wissenschaftlich-technischen Fortschritts verstärkt werden müssen. Die Zunahme der Fondsausstattung der Arbeitsplätze und Arbeitskräfte, die mit dem Wachsen des Fondsvorschusses an vergegenständlichter Arbeit verbunden ist, erfordert die komplexe Nutzung des vorhandenen Fondsbestandes, der den Wachstums- und Intensivierungsfaktoren zugrunde liegt. Solche Fragen wie die mehrschichtige Auslastung, insbesondere hochproduktiver Grundfonds, die rationelle Nutzung der Arbeitszeit und des Qualifikationsniveaus, effektive Formen der Substitution von lebendiger Arbeit durch vergegenständlichte Arbeit, die Anwendung fortschrittlicher Materialverbrauchs- und Energienormative usw. rücken stärker in den Vordergrund. So ist die rationelle Nutzung aller Potenzen der Wachstumsfaktoren eng verbunden mit der Beschleunigung der sozialistischen Rationalisierung, vor allem mit der Entfaltung der Masseninitiative, dem sozialistischen Wettbewerb und effektivsten Formen der moralischen und materiellen Stimulierung.

Die mit den elementaren Wachstumsfaktoren eng verflochtene rationelle Nutzung ihres Fondsbestandes, die Gestaltung effektiverer Bedürfnis- und Aufwandsstrukturen, die Beschleunigung des wissenschaftlich-technischen Fortschritts, die weitere Vertiefung der sozialistischen ökonomischen Integration und andere Aufgaben der Intensivierung erfordern in zunehmendem Maße die Beherrschung von Substitutionsprozessen innerhalb der Wachstumsfaktoren und zwischen ihnen, insbesondere den Ersatz von lebendiger Arbeit durch vergegenständlichte Arbeit. So ist die Verwirklichung solcher Aufgaben im Rahmen der sozialistischen Rationalisierung vordringlich, wie zum Beispiel mittels wissenschaftlicher, technischer, technologischer, organisatorischer und sozialökonomischer Lösungen auf dem Wege der rationellen Gestaltung der elementaren Wachstumsfaktoren Arbeitsplätze und disponible Arbeitskräfte eingespart werden können. Hierbei ergibt sich die Frage, ob die Einsparung von Arbeitsplätzen in allen Bereichen und Zweigen der Volkswirtschaft oder vorwiegend in arbeitsintensiven Haupt-, Hilfs- und Nebenprozessen organisiert werden soll.

Besonders wird auf Grund von akuten Begrenzungen im Arbeitskräfteeinsatz in der Wirtschaft der DDR die Einsparung von Arbeitsplätzen zu einer wesentlichen Aufgabe der Ökonomisierung der Grundfonds sowie die relative und absolute Einsparung disponibler Arbeitskräfte zu einer Grundtendenz des intensiven Zusammenwirkens der Wachstums- und Intensivierungsfaktoren. In diesem Zusammenhang sind die Entwicklungsrichtung der genannten Prozesse (zum Beispiel welche Anzahl disponibler Arbeitskräfte in welchen Berufs- und Beschäftigtengruppen, Qualifikationsstufen, Arbeitsbereichen und Territorien einzusparen oder wieder einzusetzen sind) und die dafür benötigten gesellschaftlichen Aufwandsgrößen (zum Beispiel für den Einsparungs- und Wiedereinsetzungsaufwand) exakter zu bestimmen.

Das Wachstum der Produktionsfonds führt zu einer höheren Fondsausstattung der Arbeit (Arbeitsplätze und Arbeitskräfte). Dies stellt vor allem an die Proportionalität und Kontinuität im Einsatz und bei der Nutzung der Wachstumsfaktoren neue und höhere Anforderungen. So sind die wachsenden Verflechtungsbeziehungen zwischen den Sphären, Bereichen und Zweigen (insbesondere zwischen Finalproduzenten und Zulieferern), die mehrschichtige Arbeit vor allem an hochproduktiven Anlagen, rechtzeitige Reparaturleistungen, die Sicherung der zunehmenden Transportaufgaben im Zuge des Ausbaus der Kooperationsbeziehungen zwischen Kombinaten und Betrieben, der bedarfsgerechte Einsatz und die Nutzung der ausgebildeten Kader usw. entsprechend der sozialökonomischen Funktion der Zielrealisierung im Sozialismus mit hoher Kontinuität und Effektivität zu verwirklichen. Auf diese Weise entstehen beachtliche produktivitätswirksame Effekte für die Senkung des Gesamtaufwandes beziehungsweise der Kosten je Produktions- und Leistungseinheit. Werden jedoch die sich hieraus ergebenden differenzierten politisch-ideologischen, wissenschaftlich-technischen, organisatorischen und sozialökonomischen Probleme unzureichend beherrscht, so sind sinkende Grundfondseffektivität, unzureichende Auslastung der Kapazitäten und Produktionsflächen, wachsende Störanfälligkeit der Anlagen oder zunehmende Materialintensität die unausbleiblichen Folgen. Deshalb verlangt die optimale Kombination der Wachstumsfaktoren, die Erfordernisse des Gesetzes der Ökonomie der Zeit, des Gesetzes der planmäßigen proportionalen Entwicklung und anderer ökonomischer Gesetze stets zu beachten, die Begrenzungen in der Mobilisierung der gesellschaftlichen Ressourcen allseitig zu analysieren, die Kontinuität durch weitgehende Ausschaltung von sprunghaften Entwicklungstendenzen im Reproduktionsablauf der Wachstumsfaktoren zu sichern, der zunehmenden Flexibilität und Mobilität voll Rechnung zu tragen und die wachsende Komplexität zwischen politisch-ideologischen, wissenschaftlich-technischen, sozialökonomischen sowie geistig-kulturellen Aufgaben in allen Phasen des Reproduktionsprozesses und Leitungsebenen der Volkswirtschaft besser zu beherrschen.

Die grundlegenden Prozesse des intensiven Reproduktionstyps bewirken im Rahmen der Wachstums- und Intensivierungsfaktoren sowohl quantitative Veränderungen als auch eine Vervollkommnung deren qualitativen

Struktur in den Bestands- und Verbrauchsgrößen (Fondsvorschuß und -verbrauch). Werden jedoch einzelne Komponenten der in sich geschlossenen quantitativen und qualitativen Struktur der elementaren Wachstumsfaktoren herausgelöst und ihre Wirkungsweise erforscht, was auf betrieblicher und innerbetrieblicher Ebene oftmals erfolgt, so können nur spezifische Seiten eines bestimmten Wachstumsfaktors charakterisiert werden. Aus dem Gesamtzusammenhang herausgelöste Komponenten der Wachstumsfaktoren werden nur in Verbindung mit den anderen quantitativen und qualitativen Komponenten wirksam. Nur durch das organische und planmäßige proportionale Zusammenwirken aller Komponenten der Wachstumsfaktoren kann eine hohe Effektivität und Produktivität im Reproduktionsablauf der sozialistischen Wirtschaft gesichert werden.

Auf volkswirtschaftlicher Ebene werden zum Beispiel im Zuge der Vertiefung der sozialistischen ökonomischen Integration, der Strukturgestaltung oder der Investitionspolitik Aufgaben realisiert, die sowohl die quantitative und qualitative Struktur der Wachstumsfaktoren insgesamt als auch nur einzelne ihrer Komponenten betreffen. Wird beispielsweise das Qualifikationsniveau als Komponente des Wachstumsfaktors Arbeitsvermögen erhöht, so werden in der Regel auch andere Elemente dieses Wachstumsfaktors berührt, die Arbeitsintensität, die Arbeitszeitnutzung, der Arbeitskräfteeinsatz, die Beschäftigtengruppenstruktur und die Arbeitsbedingungen. In der Regel haben qualitative und quantitative Veränderungen im Rahmen einzelner Komponenten der Wachstumsfaktoren auch spezifische Auswirkungen auf alle anderen Wachstumsfaktoren. So hat in unserem Fall die Erhöhung des Qualifikationsniveaus spezifische Auswirkungen auf die weitere technische Vervollkommnung und den Auslastungsgrad der Grundfonds, die Fondsausstattung, die Materialintensität und die Verarbeitungsqualität der Arbeitsgegenstände. Von diesen komplexen Auswirkungen können sowohl einzelne Komponenten eines Wachstumsfaktors, mehrere oder die Gesamtheit der elementaren Wachstumsfaktoren betroffen werden.

Die im Zuge der Verwirklichung des intensiven Reproduktionstyps zu lösenden Aufgaben und Probleme sind, wie dargestellt wurde, eng mit der

Entfaltung und Nutzbarmachung der progressiven Potenzen des wissenschaftlich-technischen Fortschritts im Sozialismus verbunden, die sich auf der Grundlage des Wirkens des Systems der ökonomischen Gesetze des Sozialismus entwickeln. Die von ihm ausgehenden Wirkungen, insbesondere im Zuge des Einsatzes der Akkumulations- und Investitionsfonds, lösen komplexe und differenzierte Wechselbeziehungen aus, die zur qualitativen und quantitativen Vervollkommnung der Wachstumsfaktoren sowie zu einer wachsenden Verflechtung zwischen ihnen führen. Die hierbei auftretenden Unterschiede im Wachstumstempo spezifischer Bedürfnis- beziehungsweise Erzeugniskomplexe und Wirtschaftszweige stellen an das Zusammenwirken der Wachstumsfaktoren hohe Anforderungen. So führt das rasche Wachstum bestimmter Wirtschaftszweige in der Regel zu Begrenzungen im Rahmen der Wachstumsfaktoren. Solche Begrenzungen im Einsatz der materiellen, finanziellen und personellen Ressourcen können jedoch zeitweise zu Spannungen oder Störungen im Reproduktionsablauf der Wachstumsfaktoren führen. Diesen Tendenzen ist vor allem durch ein rasches Tempo der sozialistischen Rationalisierung wirkungsvoll zu begegnen.

Somit ergibt sich das Erfordernis, ausgehend von den Grundprozessen des wissenschaftlich-technischen Fortschritts, die vielschichtigen Veränderungen der Wachstumsfaktoren im Rahmen in sich geschlossener Reproduktionskomplexe zu erforschen. Hinsichtlich der elementaren Wachstumsfaktoren geht es zum Beispiel um die Klärung der Beziehungen in den quantitativen und qualitativen Veränderungen zwischen dem Arbeitsvermögen, den Grundfonds und dem Material- sowie Energieeinsatz bei gleichzeitiger Sicherung der Einheit von effektiver Strukturpolitik und Proportionalität.

4. Aspekte des Systemcharakters der Wachstums- und Intensivierungsfaktoren

Die weitere Vervollkommnung des Systemcharakters der Wachstumsfaktoren ist ein dynamischer Prozeß, der durch die Verwirklichung des intensiven Reproduktionstyps in der sozialistischen Wirtschaft geformt und geprägt wird. Für ihn ist charakteristisch, daß er sich in Widersprüchen vollzieht. Letztere finden zum Beispiel in wachstumsfördernden und -hemmenden Tendenzen im Rahmen der Systembeziehungen der Wachstumsfaktoren ihren sichtbaren Ausdruck. Eine der Hauptursachen dieser Tendenzen sind Erscheinungen des ungleichmäßigen Entwicklungsverlaufs des wissenschaftlich-technischen Fortschritts im Sozialismus. Die schrittweise Harmonisierung dieser Widersprüche stimuliert seine evolutionären und revolutionären Prozesse. Die Erforschung wachstumshemmender und -fördernder Tendenzen innerhalb der Wachstumsfaktoren und zwischen ihnen wird zu einem grundlegenden Erfordernis der sozialistischen Leitungs- und Planungstätigkeit. Die Lösung dieser Aufgabe ist eng mit der weiteren Einbeziehung der Werktätigen, der Entfaltung ihrer Initiative und Mitarbeit, der Festigung ihres sozialistischen Bewußtseins und der Gestaltung ihrer sozialistischen gesellschaftlichen Beziehungen verbunden.

Basierend auf der optimalen Kombination der Wachstumsfaktoren im Zuge der sich entfaltenden Grundprozesse und -tendenzen der Intensivierung der sozialistischen Wirtschaft, wird deutlich erkennbar, daß sich ihr Systemcharakter im Umfang und in der Tiefe verstärkt. Hierbei ergibt sich die Frage: Durch welche Kriterien kommt dieser wachsende Systemcharakter der Wachstumsfaktoren zum Ausdruck? Welche Tendenzen und Prozesse sind dafür charakteristisch? In diesem Zusammenhang sind folgende Aspekte herauszustellen:

4.1. Die Verflechtungsbeziehungen zwischen den Wachstumsfaktoren wachsen qualitativ und quantitativ. Die vielschichtigen Beziehungen innerhalb der Wachstumsfaktoren und zwischen ihnen, die zum Beispiel von der Forschung, Entwicklung, Projektierung, Konstruktion und technisch-organisatorischen Produktionsvorbereitung ausgelöst werden, müssen besser beherrscht werden. Dadurch werden neue und höhere Anforderungen hinsichtlich der Anwendung arbeitssparender, arbeitserleichternder, arbeitssicherer und fondssparender Technik, Technologie und Organisation, verbunden mit einem hohen Niveau sozialistischer Arbeitskultur, gestellt. Sie führen zur Erhöhung der Rolle und Funktion der Wissenschaft sowie der technisch-organisatorischen und sozialökonomischen Vorbereitung des Reproduktionsprozesses in der Volkswirtschaft.

Es geht vor allen Dingen um die Beherrschung komplexer Reproduktionslinien beziehungsweise -ketten des intensiven Reproduktionstyps, der mit zunehmenden Verflechtungsbeziehungen der Wachstumsfaktoren verbunden ist. Eine wichtige Aufgabe hierbei ist die Erforschung qualitativer Umschlagspunkte im Rahmen des komplexen Zusammenwirkens der Wachstumsfaktoren.

4.2. Die Komplexität des Systemcharakters der Wachstumsfaktoren verstärkt sich. Mit der weiteren Entwicklung der technisch-organisatorischen Zusammensetzung und organischen Struktur des den Wachstumsfaktoren zugrunde liegenden Fondsbestandes, insbesondere im Zusammenhang mit dem Anstieg der Fondsausstattung der Arbeit, wächst die Komplexität des Systemcharakters der Wachstumsfaktoren. Sie ist ein Ergebnis der Vertiefung und Vervollkommnung des Vergesellschaftungsprozesses der Produktion und der Arbeit. Ein sichtbarer Ausdruck hierfür sind solche Tendenzen in den Systembeziehungen der Wachstumsfaktoren, die den Prozeß der Konzentration, Spezialisierung und Kooperation kennzeichnen. Die dadurch bewirkten Effekte haben grundlegenden Einfluß auf die Erhöhung der Effektivität und Produktivität der gesellschaftlichen Arbeit. Sie sind zugleich mit vielschichtigen sozialökonomischen Auswirkungen für die Werktätigen sowie für die Vervollkommnung der qualitativen und quantitativen Beschäftigungsstruktur verbunden.

4.3. Die Internationalisierung des Systemcharakters der Wachstumsfaktoren nimmt zu. Ausgehend von den Grundformen und Hauptentwicklungsrichtungen zur weiteren Vertiefung der sozialistischen ökonomischen Integration, insbesondere bedingt durch die Zunahme der sozialistischen internationalen Arbeitsteilung, zum Beispiel in der Forschung und Entwicklung, der Projektierung und Konstruktion, der Produktion, des Absatzes, vervollkommnet sich der internationale Charakter der Produktivkräfte und Produktionsverhältnisse. So werden zunehmend durch gemeinsame Investitionsvorhaben der sozialistischen Länder, zum Beispiel für die langfristige Lösung der Energie- und Rohstoffprobleme, qualitativ höhere Anforderungen an den Systemcharakter der Wachstumsfaktoren gestellt. Der internationale Charakter der Wachstumsfaktoren, zum Beispiel im Zuge der Vorbereitung und Durchführung gemeinsamer Investitionsvorhaben, des Arbeitskräfteeinsatzes über die Ländergrenzen hinweg, nimmt zu. Die damit eingeleitete schrittweise Annäherung des Entwicklungsniveaus der Produktivkräfte und ihrer Bewegungsformen, der sozialistischen Produktionsverhältnisse, in den sozialistischen Ländern ist mit erheblichen qualitativen und quantitativen Auswirkungen hinsichtlich der Dynamik der Wachstumsfaktoren verbunden. Sie stellt vor allem an die Entwicklung der Masse, Rate, Struktur, Effektivität und Reserven der Akkumulation und Konsumtion jedes sozialistischen Landes hohe Anforderungen.

4.4. Das spezifische Gewicht und damit die sozialökonomische Funktion der bestimmenden Wachstumsfaktoren erhöht sich im Zuge der Verwirklichung des intensiven Reproduktionstyps. Basierend auf der Beschleunigung des wissenschaftlich-technischen Fortschritts im Sozialismus, den Erfordernissen zur weiteren Vervollkommnung der Bedürfnis- sowie Erzeugnis- und Aufwandsstrukturen, der Vertiefung der sozialistischen ökonomischen Integration und anderen Prozessen, gewinnen vor allem Wachstumsfaktoren ein zunehmendes Gewicht, die mit der Entwicklung der Wissenschaft und Bildung im Zusammenhang stehen. Ausgehend von den konkreten sozialökonomischen Prozessen des intensiven Reproduktionstyps, durchdringt zum Beispiel die Wissenschaft die Gesamtheit der Wachstumsfaktoren und bewirkt ihr qualitativ höheres Niveau. Dagegen wird die weitere Vervollkommnung des Bildungssystems über die Erhöhung des Qualifikationsniveaus der Werktätigen und damit nur über einen speziellen Wachstumsfaktor, das Arbeitsvermögen, effektivitätswirksam. Davon ausgehend ergibt sich die Frage nach der Rangfolge beziehungsweise der Priorität bestimmender Wachstumsfaktoren im zeitlichen und räumlichen Reproduktionsablauf der sozialistischen Wirtschaft.

In Verbindung mit dieser Frage ist jedoch der Einfluß von Begrenzungen in der qualitativen und quantitativen Entwicklung der bestimmenden Wachstumsfaktoren von zunehmender Bedeutung. Begrenzungen dieser Art sind zum Beispiel die beschränkten Möglichkeiten zur Entwicklung, Überleitung und Anwendung von Forschungsergebnissen, zur Entfaltung der Potenzen der Bildung, zur Nutzung der Bevölkerungs- und Arbeitskräfteressourcen, zur Erschließung neuer Energiequellen und Rohstoffvorräte sowie zur Vervollkommnung der Umweltbedingungen.

Anmerkungen

1 Friedrich Engels, Herrn Eugen Dührings Umwälzung der Wissenschaft (Anti-Dühring), in: Karl Marx/Friedrich Engels, Werke (im folgenden MEW), Bd. 20, Berlin 1962, S. 263/264.

2 W. I. Lenin, Entwurf des Programms der KPR (Bolschewiki), in: Werke, Bd. 29, Berlin 1961, S. 105.

3 Vgl. Erich Honecker, Zu aktuellen Fragen bei der Verwirklichung der Beschlüsse unseres VIII. Parteitages, Berlin 1971, S. 24.

4 Friedrich Engels, Herrn Eugen Dührings Umwälzung der Wissenschaft (Anti-Dühring), in: MEW, Bd. 20, Berlin 1962, S. 264.

5 Vgl. Alfred Tomm, Grundlagen des Systems der Wachstumsfaktoren in der sozialistischen Wirtschaft, in: Wirtschaftswissenschaft, 6/1969, S. 823 - 836.

6 Vgl. Probleme der Intensivierung des volkswirtschaftlichen Reproduktionsprozesses zur Erhöhung der Effektivität der gesellschaftlichen Produktion - unter besonderer Beachtung der entscheidenden Rolle der Arbeitsproduktivität (Thesen), in: Wirtschaftswissenschaft, 1/1974, S. 12 - 39.

Boris Atanasov/Vera Ivanova

SOZIALISTISCHE INTEGRATION UND WIRTSCHAFTSWACHSTUM

Die Erweiterung der Zusammenarbeit und die Vertiefung der ökonomischen Integration zwischen den sozialistischen Ländern - besonders zwischen den RGW-Mitgliedsländern - ist einer der wichtigsten Faktoren zur Sicherung eines dynamischen Wachstums ihrer Volkswirtschaften und zur Festigung der Wirtschaftskraft des sozialistischen Weltsystems. Dieser Faktor drückt in allgemeinster Form die allseitige Abstimmung, Annäherung und gegenseitige Verflechtung der nationalen Wirtschaften sowie die Rolle der verschiedenartigen außenwirtschaftlichen Beziehungen und Verbindungen für ihr Wirtschaftswachstum aus. Für die konkrete Analyse kann man ihn in ein System außenwirtschaftlicher, hinsichtlich ihres Umfanges und der Stärke ihres Einflusses relativ begrenzter Faktoren wie Valuta- und Kreditbeziehungen, Außenhandel, gemeinsame Produktion, gemeinsame Projektierungstätigkeit und andere aufgliedern. Diese Faktoren fördern durch die für sie spezifische Art und Weise das Wirtschaftswachstum der sozialistischen Länder.

Die sozialistische ökonomische Integration entwickelt sich in Etappen und ist ein langer historischer Prozeß. Sie ist Faktor des Wirtschaftswachstums mit stabiler, dauerhafter und sich verstärkender Bedeutung und Auswirkung. Das erfordert ihr tiefgründiges Studium, ihre Charakterisierung und Messung sowie eine genauere Bestimmung ihrer Stellung unter den anderen Faktoren des Wirtschaftswachstums unter Berücksichtigung ihrer zielgerichteten und effektiveren Ausnutzung in den sozialistischen Ländern.

Aus der Vielzahl der Probleme, die den Einfluß der sozialistischen Integration auf das Wirtschaftswachstum der sozialistischen Länder betreffen, werden hier folgende aufgeworfen und betrachtet: die Wechselwirkung der Integration und ihrer konkreten Erscheinungsformen mit anderen Faktoren und mit den Ergebnissen des Wirtschaftswachstums in den kleinen und großen sozialistischen Ländern, die Bestimmung der Grenze des positiven Einflusses der Integration auf das Wirtschaftswachstum, die Aufdeckung der grundlegenden Kriterien und Kennziffern zur Bestimmung des Einflusses der Integration auf das Wachstum der nationalen Wirtschaften der sozialistischen Länder.

1. Die internationale sozialistische ökonomische Integration ist ein komplexer äußerer Faktor des nationalen und internationalen Wirtschaftswachstums im Rahmen des sozialistischen Weltsystems. Im Unterschied dazu existieren auch andere äußere Faktoren (zum Beispiel der Außenhandel mit nichtsozialistischen Staaten). Innere (nationale) Faktoren des Wirtschaftswachstums sind die Durchsetzung des wissenschaftlich-technischen Fortschritts, die Intensivierung der Wirtschaft, die Vervollkommnung des Entwicklungsstandes der zwischen- und außerzweiglichen Beziehungen innerhalb der Volkswirtschaft, die Steigerung der gesellschaftlichen Arbeitsproduktivität und andere.

Der Einfluß der sozialistischen Integration kann und muß gleichzeitig auch mit Hilfe der Methoden bestimmt werden, mit denen der entsprechende Einfluß der inneren Faktoren ermittelt wird. Die Rolle des Faktors "sozialistische ökonomische Integration" für das Wirtschaftswachstum muß gesondert und selbständig ermittelt werden. Ursache dafür ist der Umstand, daß bei der Ermittlung des Einflusses innerer Faktoren auf das Wirtschaftswachstum unvermeidlich auch der <u>indirekte</u> Beitrag der Integration zur Entwicklung der materiell-technischen Basis, zur Vervollkommnung der Produktion, zur Erhöhung der Arbeitsproduktivität in den sozialistischen Ländern einbezogen und berücksichtigt werden muß. Allerdings müßte es bei der Aufdeckung des Einflusses jedes der inneren ökonomischen Wachstumsfaktoren möglich sein, den Beitrag des Faktors "sozialistische ökonomische Integration" gesondert, als Teilposition, auszuweisen. Aber auf diese Art und Weise ist es nicht möglich, den gesamten und selbständigen Einfluß dieses äußeren Faktors des Wirtschaftswachstums unter Berücksichtigung seiner zielgerichteten und aktiven Ausnutzung zur Lösung der Probleme des Wirtschaftswachstums klar zu bestimmen und genau zu messen. Bewußt wird eine zweifache Bestimmung des Beitrags der sozialistischen Integration zum Wirtschaftswachstum zugelassen - einmal bei seiner gesonderten Ermittlung und das andere Mal bei der Aufdeckung der Verbindung zwischen den inneren Faktoren und dem Wirtschaftswachstum, bei dem der entsprechende Beitrag der Integration als Beitrag dieser Faktoren ausgewiesen und ihnen zugeschrieben wird. Das ist jedoch notwendig und keinesfalls störend, es erleichtert und unterstützt im Gegenteil die richtige Entscheidungsfindung, da die sozialistische Integration und die wissenschaftlich-technischen Beziehungen und Verbindungen des jeweiligen Landes eine relativ gesonderte Sphäre seiner politischen und wirtschaftlichen Tätigkeit sind.

Die sozialistische ökonomische Integration beeinflußt die inneren Wachstumsfaktoren und die Ergebnisse (Kennziffern), die das Wirtschaftswachstum charakterisieren (zum Beispiel das Wachstum des Nationaleinkommens pro Kopf der Bevölkerung, die Erhöhung des Lebensniveaus der Bevölkerung) sowie einzelne Sphären der sozialistischen erweiterten Reproduktion - Produktion, Zirkulation, Distribution und Konsumtion. Durch den Einfluß der inneren Wachstumsfaktoren und der Ergebnisse des Wachstums der nationalen Wirtschaften der sozialistischen Länder wird sie gleichzeitig selbst in bedeutendem Maße erweitert und vertieft. Kurz, die sozialistische Integration ist einerseits ein Faktor des Wirtschaftswachstums, andererseits ist das Wirtschaftswachstum ein Faktor der Entwicklung der sozialistischen ökonomischen Integration. Der Einfluß der Integration oder ihrer Formen - gemeinsame Produktion, gegenseitiger Handel usw. - kann mittelbar durch den Einfluß auf die inneren Wachstumsfaktoren oder unmittelbar durch ihre Wirkung auf die Ergebnisse des Wirtschaftswachstums aufgedeckt werden. Und umgekehrt, welche der zahlreichen Verbindungen der Integration und ihrer Formen mit den inneren Wachstumsfaktoren und mit den Ergebnissen des Wirtschaftswachstums aufgedeckt und ausgenutzt wird, hängt von den ökonomischen Zielen ab, die die entsprechende Analyse verfolgt. Außer durch die dargelegten Formen bzw. Faktoren der Integration kann ihr Einfluß auf die inneren Faktoren im Ergebnis des Wirtschaftswachstums noch stärker konkretisiert werden, indem der entsprechende Einfluß folgender Faktoren aufgedeckt wird:

- gemeinsame Prognostizierung, Planung und Koordinierung der Wirtschaften und einzelner Zweige der sozialistischen Länder,
- wissenschaftlich-technische Zusammenarbeit und Erfahrungsaustausch zwischen diesen Ländern,
- Schaffung gemeinsamer Wirtschaftsorganisationen und Betriebe verschiedener Länder,
- Nutzung von Investitionen im Ausland,
- Nutzung der Hilfe anderer sozialistischer Länder beim Bau von Betrieben, bei der Ausbildung von Kadern,
- gemeinsame Verarbeitung und Nutzung von Bodenschätzen und Rohstoffressourcen,
- internationale Spezialisierung und Kooperation der Produktion,
- Ein- und Ausfuhr von Maschinen, Anlagen, Rohstoffen, Materialien usw. in sozialistische und aus sozialistischen Ländern, die für die erweiterte Reproduktion der nationalen Wirtschaft notwendig sind,
- zweckgebundene Kredite oder zinslose Anleihen und ähnliches.

Es muß hervorgehoben werden, daß der Einfluß dieser und anderer konkreter Formen und Faktoren der sozialistischen ökonomischen Integration auf die inneren Faktoren und auf die Ergebnisse des Wirtschaftswachstums eng miteinander verflochten ist und manchmal eine klare Trennung sehr schwierig ist. Eine annähernde Genauigkeit der Analyse zur Feststellung des gewünschten Beitrags konkreter Integrationsformen beziehungsweise -faktoren ist jedoch für die Lösung praktischer Aufgaben völlig ausreichend. Das wird dadurch erhärtet, wie die ökonomische Effektivität der Teilnahme jedes Landes an der Realisierung von bestimmten Maßnahmen auf dem Gebiet der sozialistischen ökonomischen Integration in der Praxis gemessen und bestimmt wird. Gleichzeitig wird dadurch gezeigt, daß nicht nur die Aufdeckung der entsprechenden Rolle ihrer einzelnen Formen und Faktoren, sondern auch die exakte und vollständigere Bestimmung des Einflusses der Integration auf das Wirtschaftswachstum ein komplexes Herangehen erfordert.

2. Die internationale sozialistische ökonomische Integration und ihre konkreten Realisierungsformen erfüllen ihre Rolle als Faktoren des Wirtschaftswachstums in den einzelnen sozialistischen Ländern nicht in allen Fällen, sondern nur unter bestimmten Bedingungen, und zwar nur dann, wenn sie

- die intensive und optimale Entwicklung der Wirtschaft, ihrer Zweige, Bereiche und Produktionsarten fördern,
- zur Erweiterung des Umfangs und des Sortiments der produzierten und auf dem Binnenmarkt angebotenen Erzeugnisse, zur Verbesserung ihrer Qualität und zur Senkung ihres nationalen Wertes beitragen,
- die Erhöhung der ökonomischen Effektivität der gesellschaftlichen Produktion fördern,
- die Lösung wichtiger ökonomischer Probleme unterstützen, die ein einzelnes sozialistisches Land nicht erfolgreich bewältigen könnte (Verarbeitung und Nutzung von Bodenschätzen, maximale Beschäftigung des Arbeitskräftepotentials, Heranziehung ausländischer Investitionen, Bereitstellung knapper Produkte für die produktive und individuelle Konsumtion, Gewährleistung eines breiteren und stabileren Außenmarktes für die nationale Produktion des Landes usw.).

Wenn die dargestellten oder andere ähnliche Bedingungen nicht bestehen, erfüllt die sozialistische Integration, oder genauer gesagt, ihre konkrete Realisierungsform, nicht die Rolle eines ökonomischen Wachstumsfaktors. Deshalb gewinnt die richtige Lösung von Problemen der gegenseitigen Interessiertheit und des ökonomischen Vorteils der sozialistischen Länder besondere Bedeutung bei der Durchführung konkreter Integrationsmaßnahmen für die Gewährleistung des äquivalenten Warenaustausches, der Gleichberechtigung beim Abschluß und bei der Realisierung verschiedener Vereinbarungen mit Integrationscharakter. Nicht zufällig werden diese grundlegenden Forderungen und Prinzipien der sozialistischen Integration an verschiedenen Stellen und in verschiedenem Zusammenhang im Komplexprogramm der RGW-Mitgliedsländer unterstrichen.

Die vorläufige Einschätzung der ökonomischen Bedingungen und des Vorteils der Teilnahme jedes Landes an der Realisierung unterschiedlicher

Formen und Maßnahmen der sozialistischen Integration ist der erste Schritt, um ihren voraussichtlichen Einfluß auf das nationale Wirtschaftswachstum zu bestimmen. Außerdem wird auch ihr tatsächlicher Einfluß bei der Anwendung der entsprechenden Form und bei der Durchführung der entsprechenden Integrationsmaßnahme ermittelt. Die Bestimmung des voraussichtlichen und des tatsächlichen Einflusses und die Ergebnisse der Beteiligung jedes Landes an verschiedenen Formen der sozialistischen Integration, der Einfluß der erreichten Ergebnisse auf die inneren Faktoren und Kennziffern des Wirtschaftswachstums - dies ist ein stetiger Prozeß. Bei der Kontrolle dieses Prozesses offenbaren sich die nationalen Interessen einzelner Länder für die Ausnutzung der Integration als Faktor des Wachstums ihrer nationalen Wirtschaft am klarsten. Selbstverständlich fördert dieses Wachstum die Stärkung, Festigung und Erweiterung der Wirtschaftskraft des sozialistischen Weltsystems.

Zum gegenwärtigen Zeitpunkt jedoch wird die sozialistische ökonomische Integration vornehmlich als Faktor des nationalen Wirtschaftswachstums und in ungenügendem Maße als Faktor einer zweckmäßigen Gesamtlösung der Probleme des internationalen Wachstums vom Standpunkt der Gemeinschaft, einer vollständigeren Verbindung der nationalen und internationalen Interessen ausgenutzt.

Im Zusammenhang damit muß erwähnt werden, daß vorerst die Bedingungen vollständiger beachtet, erfaßt und berücksichtigt werden, bei denen die sozialistische Integration und ihre Formen unmittelbaren Einfluß auf das Wirtschaftswachstum ausüben. Noch nicht genügend bearbeitet sind jedoch die Fragen der langfristigen Bestimmung der Bedingungen der Integration und ihres Einflusses auf das Wirtschaftswachstum der sozialistischen Länder. Das aber ist unbedingt notwendig, da die Integrationsbedingungen und -prozesse ihrem Wesen nach langfristigen Charakter tragen und sie nicht nur unter gegenwärtigen und kurzfristigen, sondern immer mehr auch unter langfristigen, perspektivischen Gesichtspunkten analysiert werden müssen.

3. Noch immer existieren in der ökonomischen Theorie und Praxis kein exaktes Kennziffernsystem und keine zuverlässige Methodik für die

Ermittlung des Gesamteinflusses der ökonomischen Integration auf das Wirtschaftswachstum. Vorläufig gibt es Methoden zur Messung des Einflusses einzelner Formen und Faktoren der ökonomischen Integration, zum Beispiel des Außenhandels, der Spezialisierung und Kooperation der Produktion, die verhältnismäßig verbreitet sind und relativ erfolgreich genutzt werden. Es ist notwendig, Anstrengungen zu unternehmen und die Kräfte und Möglichkeiten der Wissenschaftler und Praktiker in den sozialistischen Ländern zu vereinen, damit diese wichtige und verantwortungsvolle Aufgabe gelöst wird. Dies würde zweifellos die Entwicklung und Vertiefung der sozialistischen ökonomischen Integration fördern.

Da ein solches Kennziffernsystem in der Praxis fehlt, können folgende wichtige Einzelkennziffern verwendet werden:

- Steigerung der nationalen Arbeitsproduktivität infolge Spezialisierung der Produktion für den internationalen sozialistischen Markt (sowohl für den Teil, der auf dem Binnenmarkt verbleibt, als auch für den, der exportiert wird),
- Verkürzung der Bauzeiten und der Dauer der Einführung neuer Technologien,
- Qualitätssteigerung und Verbesserung der technisch-ökonomischen Kennziffern der Produktion, was unter sonst gleichbleibenden Bedingungen zu höheren Preisen auf dem Außenmarkt führt,
- Erhöhung der Investitionsmittel innerhalb des Landes durch Kredite und Anleihen aus anderen sozialistischen Ländern,
- Einsparung an Arbeit, die beim Warenaustausch auf dem internationalen sozialistischen Markt realisiert und die gemessen wird als Differenz zwischen der Summe von Export und Import im nationalen Wert der Waren entsprechend den Binnenpreisen,
- Berechnung der Nettoproduktion gemeinsamer Betriebe der sozialistischen Länder auf der Basis von Binnenpreisen.

4. Die sozialistische Integration ist ein Faktor des Wirtschaftswachstums sowohl für kleine als auch für große sozialistische Länder. Das Ausmaß der Notwendigkeit der Integration jedoch ist für die beiden Ländergruppen unterschiedlich. Diese Notwendigkeit empfinden die sozialistischen

Länder mit geringerem ökonomischen Potential, das heißt die Mehrzahl der RGW-Mitgliedsländer, am stärksten. Außerdem wird die Integration zu einem lebensnotwendigen Faktor, zur Garantie und Voraussetzung ihres weiteren Wirtschaftswachstums unter den Bedingungen der sich stürmisch entwickelnden wissenschaftlich-technischen Revolution. Das wird durch eine Reihe spezifischer Begrenzungen und bestimmte Engpässe in ihrer ökonomischen Entwicklung bedingt. Der verbreitetste Engpaß, der das Wirtschaftswachstum dieser Länder einschränkt, ist die Begrenztheit beziehungsweise das Fehlen von Bodenschätzen, die Einseitigkeit der natürlichen, geographischen und klimatischen Bedingungen, geringer Waldbestand, mangelnde Wasserreserven und ähnliches. Eine solche Einschränkung stellt auch die unzureichende Fläche des für die Bearbeitung geeigneten Grund und Bodens dar, insbesondere in bezug auf die Erweiterung der landwirtschaftlichen Produktion, speziell der Pflanzenproduktion.

Das Wirtschaftswachstum kleiner sozialistischer Länder trifft auch auf Hindernisse bei den verfügbaren Investitionsmitteln, die sich sehr oft als unzureichend für den Aufbau und die Entwicklung solcher Produktionen erweisen, die den modernen Anforderungen der wissenschaftlich-technischen Revolution entsprechen.

Als besonders spürbare Beschränkung und als besonderer Engpaß erweisen sich für kleine Länder die begrenzten Aufnahmemöglichkeiten ihrer Binnenmärkte. Wie jede begrenzte Nachfrage setzt das geringe Aufnahmevermögen der Binnenmärkte in diesen Ländern bei dem gegenwärtigen Niveau von Technik und Technologie Grenzen für die Entwicklung und Optimierung der Produktion.

Dies alles zeigt die Bedeutung, die folgende Probleme für kleine sozialistische Länder haben: Vereinigung der Anstrengungen der Länder im Rahmen des RGW für die gemeinsame Entwicklung von rohstoffproduzierenden Zweigen; internationale zwischen- und innerzweigliche Spezialisierung der Produktion, insbesondere Spezialisierung und Kooperation der Industrieproduktion; Integration der Forschungs- und Projektierungstätigkeit; Koordinierung der Investitionspolitik und Entwicklung und Vervollkommnung der Finanz- und Kreditbeziehungen im Rahmen des RGW; Entwicklung der Außenhandelsbeziehungen und Vervollkommnung der Ware-Geld-Kategorien des internationalen sozialistischen Marktes.

Die sozialistische ökonomische Integration schafft für die kleinen sozialistischen Länder Bedingungen, die denen nahe kommen, die große sozialistische Länder für den Aufbau einer Großserienproduktion, die Steigerung der Arbeitsproduktivität und der Effektivität der Produktion, für die Verbesserung der Qualität und die Erhöhung der Konkurrenzfähigkeit auf den Außenmärkten haben. Dadurch können die Betriebe in den kleinen sozialistischen Ländern erfolgreich mit kapitalistischen Firmen konkurrieren, deren Warenumsatz teilweise das Nationaleinkommen oder die Industrieproduktion dieser Länder übersteigt.

Zusammen mit der Entwicklung und Vervollkommnung der sozialistischen ökonomischen Integration wird auch der positive Einfluß dieser Betriebe auf das Wirtschaftswachstum zunehmen. Dieser Einfluß kann durch eine Wachstumskurve mit unterschiedlicher Beschleunigung in den verschiedenen Perioden, je nach der Stärke und Wirkungsrichtung einzelner Formen beziehungsweise Faktoren der ökonomischen Integration, beschrieben werden. Der wachsende Einfluß der sozialistischen Integration auf das Wirtschaftswachstum wird durch die uneingeschränkten Möglichkeiten zur Entwicklung und Vervollkommnung ihrer Formen und Faktoren bedingt.

Wir weisen zum Beispiel auf die internationale sozialistische Arbeitsteilung hin, die sich kontinuierlich sowohl in die Breite (durch Einschluß neuer Produktionszweige) als auch in die Tiefe (durch Vergrößerung des Produktionsumfangs zur Befriedigung der ständig wachsenden zahlungsfähigen Nachfrage der Bevölkerung der sozialistischen Gemeinschaft) entwickelt. Gleichzeitig sind die Möglichkeiten, die durch die ökonomische Integration geschaffen werden, unbegrenzt für: die Steigerung der Arbeitsproduktivität und die Senkung des nationalen Wertes spezialisierter Erzeugnisse bis zum beziehungsweise unter den entsprechenden internationalen Wert, die Verbesserung der Qualität und der technisch-ökonomischen Parameter der Erzeugnisse, die Erhöhung der Effektivität der Zweigstruktur der gesellschaftlichen Produktion, die Vergrößerung der Akkumulationsquellen, modernere und hocheffektive technische Ausstattung der Arbeit.

5. In Einzelfällen könnte die Verstärkung von Integrationsprozessen und, konkreter, einiger der Formen und Faktoren der sozialistischen ökonomischen Integration bei insgesamt positivem Einfluß auf das Wirtschaftswachstum in einzelnen Ländern Probleme mit sich bringen. Das bedeutet nicht, daß der Gesamteinfluß der ökonomischen Integration das Wirtschaftswachstum in diesen Ländern aufhält oder negativ beeinflußt. Zu diesen Problemen gehören:

- Erweiterung des Produktionsumfangs von Erzeugnissen, die von den Umweltbedingungen abhängen, um die Bedürfnisse auch anderer sozialistischer Länder zu befriedigen, wenn eine solche Erweiterung zur Erhöhung des nationalen Wertes dieser Waren führt. Sehr oft werden bestimmte Mengen solcher Waren unter schlechteren Bedingungen hergestellt - in klimatisch und ihren Böden nach wenig geeigneten Territorien, in ärmeren und für die Nutzung weniger zugänglichen Gebieten usw. Normalerweise führt das zur Verringerung des Nationaleinkommenszuwachses im Verhältnis zum Arbeits- und Investitionsaufwand. Die Produktions- und Exporterweiterung von landwirtschaftlichen Erzeugnissen und Rohstoffen durch Einbeziehung auch klimatisch ungünstigerer Gebiete sowie ärmerer und schwer zugänglicher Territorien würde keine Verringerung des Wirtschaftswachstums mit sich bringen, wenn die wachsenden nationalen Produktionskosten durch eine entsprechende Preiserhöhung auf dem internationalen sozialistischen Markt kompensiert würden;

- die Verringerung des Investitionsumfangs in bestimmten Perioden infolge internationaler Finanz- und Kreditbeziehungen;

- die Verschlechterung des Verhältnisses der internationalen Preise zwischen den von dem gegebenen Land ein- und den ausgeführten Waren. Das kann durch das Sinken des internationalen Wertes der aus dem Land ausgeführten Waren bei unverändertem oder langsamer sinkendem internationalen Wert der eingeführten Waren bedingt sein. Die Verschlechterung der Handelsbeziehungen kann auch durch die aus unterschiedlichen Gründen mögliche Verletzung des Äquivalenzprinzips im gegenseitigen Handel zwischen den sozialistischen Ländern oder die Abweichung der Preise auf dem internationalen sozialistischen Markt vom entsprechenden internationalen Wert hervorgerufen werden;

- die Verlängerung der Bauzeiten und das "Einfrieren" der Mittel auf Grund umfangreicher Neubauten oder der Erweiterung schon vorhandener Produktionskapazitäten für die Bedürfnisse des internationalen sozialistischen Marktes.

6. Die betrachteten Probleme zeigen, wie wichtig unter theoretischen, methodologischen und praktischen Aspekten ein zu erarbeitendes System von synthetischen und Einzelkennziffern, aber auch statistisch-mathematische Methoden zur direkten und indirekten Messung und zur Darstellung der Rolle der sozialistischen ökonomischen Integration als Faktor des Wachstums der nationalen Wirtschaften der sozialistischen Länder und der wirtschaftlichen Stärke des sozialistischen Weltsystems für die Gewährleistung des Sieges des Sozialismus im ökonomischen Wettbewerb mit dem Kapitalismus ist. Die Lösung dieser Aufgabe wird die beschleunigte Realisierung des Komplexprogramms der RGW-Mitgliedsländer unterstützen.

Dimiter Kinov/Marija Maximova/Ilija Georgijev

ZUR METHODOLOGIE DER EFFEKTIVITÄT ÖKONOMISCHER WACHSTUMSFAKTOREN

Die Faktoren, die die Effektivität und folglich auch das Wachstumstempo beeinflussen, besitzen ihre jeweilige Spezifik. Diese wird bedingt durch den Grad des synthetischen Charakters jedes Faktors, durch die Stärke seines Einflusses, sein allgemein-ökonomisches Wesen, seine synchrone Entwicklung mit den übrigen Faktoren, durch die Methoden, mit deren Hilfe sein Einfluß auf die grundlegenden Komponenten der Effektivität - den Aufwand und den Nutzen - ermittelt wird, usw. Ein relativ vollständiges Bild aller Seiten der Effektivitätsfaktoren zu zeichnen, ist schwierig. Unsere Aufmerksamkeit bei der Messung des Nutzens gilt vor allem zwei Hauptfaktoren: dem wissenschaftlich-technischen Fortschritt (wir versuchen, die volkswirtschaftliche Effektivität des wissenschaftlich-technischen Fortschritts zu messen und eine Methode zu entwickeln, um die gesellschaftliche Arbeitsproduktivität in einem nationalen System mit offenem Produktionszyklus zu ermitteln) und der Struktur der Reproduktion der Grundfonds.[x] Dies sind Grundfragen der Methodologie.

1. Wissenschaftlich-technischer Fortschritt

1.1. Zur Messung der volkswirtschaftlichen Effektivität des wissenschaftlich-technischen Fortschritts. Unter wissenschaftlich-technischem Fortschritt verstehen wir den Fortschritt in Wissen und Kenntnissen, die mit der Produktion verbunden sind und die es ermöglichen, die existierenden Arbeitsmittel und Arbeitsgegenstände, die Produktionstechnologien und die

---

[x] Diese schließen bestehende Grundfonds und Investitionen ein.

Leitung der Wirtschaft zu vervollkommnen sowie die Qualifikation der Werktätigen zu erhöhen und neue Erzeugnisse, Dienstleistungen, Organisations- und Leitungsformen und -methoden zu schaffen.

Hauptkriterium bei der Einschätzung der volkswirtschaftlichen Effektivität des wissenschaftlich-technischen Fortschritts ist sein Beitrag zur Realisierung der Ziele der sozialistischen Produktion - zur Befriedigung der materiellen und geistigen Bedürfnisse der Werktätigen, zur Schaffung der materiell-technischen Basis der entwickelten sozialistischen Gesellschaft, zur Festigung und Entwicklung der sozialistischen Produktionsverhältnisse, zur Erhöhung der Verteidigungskraft des Landes und zum Umweltschutz.

Die Effektivität des wissenschaftlich-technischen Fortschritts wird von dem Verhältnis des durch ihn hervorgerufenen sozialökonomischen Nutzens und dem Aufwand für seine Entwicklung bestimmt. Zum gegenwärtigen Zeitpunkt kann jedoch nur ein Element des sozialökonomischen Nutzens gemessen werden - der Zuwachs an Nationaleinkommen. Dieser muß unter zwei Gesichtspunkten betrachtet werden: als Gesamtheit der Gebrauchswerte, die hinsichtlich Struktur und Qualität ihren Beitrag zur Realisierung der Entwicklungsziele der sozialistischen Wirtschaft leisten können und als Einsparung an gesellschaftlicher Arbeit, die Quelle für die Entstehung dieser Gebrauchswerte ist. Deshalb kann die Effektivität des wissenschaftlich-technischen Fortschritts praktisch durch das Verhältnis bestimmt werden, das zwischen dem Zuwachs des physischen Umfangs des Nationaleinkommens, der durch die Veränderungen von qualitativen Merkmalen der Produktionsfaktoren hervorgebracht wurde, und dem Aufwand besteht, der durch die Veränderungen dieser qualitativen Merkmale entstanden ist.

Die Methoden für die Einschätzung und Prognostizierung der Effektivität des wissenschaftlich-technischen Fortschritts sind zahlenmäßig gering und außerordentlich unvollkommen. Durch die Anwendung dieser Methoden ist nur eine angenäherte quantitative Bestimmung des Niveaus und der Dynamik der Effektivität des wissenschaftlich-technischen Fortschritts möglich. Trotzdem kann diese als gewisse Orientierung dienen, die praktisch für die Durchsetzung einer relativ fundierten Politik auf wissenschaftlich-technischem Gebiet verwendbar ist.

Die zum gegenwärtigen Zeitpunkt geeignetste, wenn auch noch unvollkommene Methode, den Beitrag des wissenschaftlich-technischen Fortschritts zum Wachstum des Nationaleinkommens zu messen, ist die Anwendung der makroökonomischen Produktionsfunktion. Unter den Bedingungen unseres Landes werden bei der Anwendung der folgenden modifizierten Variante der Produktionsfunktion relativ gute Ergebnisse erzielt:

$$I_t = \delta_1 \left[(\chi_{1t}^{-1} L_t)^{\alpha_{1t}} K_t^{\alpha_{2t}} N_t^{\alpha_{3t}} e^{\sum_{\theta=1}^{t} \pi_\theta} \right]^{\Psi_t} u_{3t}, \quad \sum_{h=1}^{3} \alpha_{ht} = 1 \qquad (1)$$

wobei α_{ht} exogen vorgegeben ist.

Dabei bedeuten:

I_t - produziertes Nationaleinkommen zu vergleichbaren Preisen,

L_t - Arbeitszeit je Arbeiter pro Jahr, unter Berücksichtigung der Qualifikationserhöhung,

K_t - Nettowert der Produktionsfonds unter Berücksichtigung des in Maschinen materialisierten technischen Fortschritts,

N_t - genutzter Grund und Boden,

α_{ht} - Anteil der verschiedenen Einkommensarten am Nationaleinkommen,

Ψ_t - Parameter, der den gemeinsamen Effekt charakterisiert, der durch die Veränderung des "lag", des Nutzungskoeffizienten der Ressourcen, des Anwachsens der Zahl der Betriebe und der Effektivitätssteigerung infolge Veränderung des Maßstabs der Produktion entsteht,

χ_t - Koeffizient, der die Ausnutzung der Ressourcen widerspiegelt,

π_θ - Tempo des autonomen technischen Fortschritts,

δ_1 - Parameter der neutralen Effektivität in der Produktionsfunktion,

u_t - Parameter, der die Zufallsfaktoren oder Störeinflüsse in der Funktion widerspiegelt.

Unter materialisiertem technischem Fortschritt verstehen wir den Fortschritt, der durch Ersatz- und Erweiterungsinvestitionen für den aktiven Teil der Produktionsgrundfonds und durch die Mittel realisiert wird, die zur Erhöhung der Qualität der Arbeitskraft investiert werden. Er wird durch folgende Formel bestimmt:

$$H^*_{st} = \prod_{\tau=-1}^{t} \prod_{h=1}^{3} (1 + \lambda_{sh\tau})\, H_{st},\; O,\; s = 1,2,3,\; H = L_t, K_t, N_t, \qquad (2)$$

wobei λ_{ht} die entsprechenden qualitativen Merkmale von H ausdrückt.

Unter autonomem technischem Fortschritt wird der Fortschritt verstanden, der den nicht mit zusätzlichen Investitionen verbundenen Effekt der Vervollkommnung der Produktionsorganisation und Wirtschaftsleitung widerspiegelt.

Es ist klar, daß die exogene Einbeziehung von α_{ht} in die Produktionsfunktion und der materialisierte technische Fortschritt zu einer unterschiedlichen Beurteilung dieser Funktion führt. Das verringert jedoch die Forderungen an die statistischen Eingangsinformationen. Andererseits trägt die Tatsache, daß die α_{ht} als exogene, sich in der Zeit verändernde Parameter betrachtet werden, dazu bei, daß ihre traditionelle Interpretation als Parameter der Substitutionselastizität der Ressourcen nicht mehr möglich ist. Im vorliegenden Fall werden sie zu Parametern der technischen Seite der Ressourcensubstitution. Das ist kein Mangel, sondern ein Vorteil, da sie die sozialökonomischen Verhältnisse in Form der Struktur der Verteilung des Nationaleinkommens zwischen den Ressourcen widerspiegeln. Dies hilft auch, den Problemen der Multikollinearität zu begegnen.

Die dargelegte Modifikation der aggregierten Produktionsfunktion vom Typ Cobb/Douglas ist eine sehr gute Approximation an eine Funktion mit gleichbleibender Substitutionselastizität (CES-Funktion). Sie kann mit der Methode der kleinsten Quadrate durch Umwandlung in eine logarithmische Funktion, besonders durch Verwendung des Zuwachses der natürlichen beziehungsweise dekadischen Logarithmen der Variablen der gegebenen Funktion gelöst werden.

Die modifizierte makroökonomische Produktionsfunktion vom Typ Cobb/Douglas wird sowohl für die Einschätzung der Effektivität als auch des Typs des technischen Fortschritts verwendet. Zu diesem Zweck ist es notwendig, ihre partiellen Ableitungen, die mittleren Koeffizienten der Effektivität und das Tempo ihrer Veränderung zu bestimmen. Sie kann auch zur Bestimmung der Rolle der extensiven und intensiven Faktoren des ökonomischen Wachstums herangezogen werden.

Die Effektivität des wissenschaftlich-technischen Fortschritts kann auf makroökonomischer Ebene mit Hilfe der Produktionsfunktion oder der Indexmethode prognostiziert werden. Letztere besitzt eine ganze Reihe von Vorteilen, da eine Übereinstimmung der Makroprognose mit den Zweigprognosen erzielt werden kann, wenn das Entwicklungstempo der Effektivität des wissenschaftlich-technischen Fortschritts unter horizontalen und vertikalen Gesichtspunkten überprüft wird. Das Grundmodell wird durch Indizes mit den variablen Werten des Tempos des wissenschaftlich-technischen Fortschritts gebildet.

Die weitere Bearbeitung theoretischer Probleme der Effektivität des wissenschaftlich-technischen Fortschritts und die Vervollkommnung der Bewertungsmethoden sowie die Prognostizierung des Effektivitätsniveaus und seiner Dynamik sind eine äußerst wichtige Voraussetzung, um ein vollkommeneres System der Prognose und Planung der Wirtschaft zu schaffen und eine richtige Politik auf wissenschaftlich-technischem Gebiet zu formulieren.

1.2. Die gesellschaftliche Arbeitsproduktivität und ihre Stellung in einem nationalen ökonomischen System mit offenem Reproduktionszyklus. Hauptkriterium des wissenschaftlich-technischen Niveaus der Produktion und seiner Veränderung ist die Dynamik der gesellschaftlichen Arbeitsproduktivität.

Das sozialökonomische Resultat des wissenschaftlich-technischen Fortschritts kann in Abhängigkeit vom Typ der erweiterten Reproduktion (intensiver oder gleichzeitig intensiver und extensiver) vorwiegend als Zuwachs an materiellen Gütern, als Verringerung des Umfangs der produktiven Arbeit oder als beides gemeinsam in ungefähr gleichem Maße auftreten. Wenn die Arbeitsproduktivität parallel zur Zunahme der Masse der produktiven Arbeit im Land wächst, so verkörpert sich der Effekt des wissenschaftlich-technischen Fortschritts im Zuwachs der materiellen Güter und entsprechend auch im Zuwachs an Nationaleinkommen. Umgekehrt, wenn die Arbeitsproduktivität bei Verringerung der produktiven Arbeit wächst, so wird zusammen mit dem Zuwachs an materiellen Gütern auch ein Effekt in Form verringerter Arbeitszeit eintreten. Die Beziehung zwischen dem materiellen und sozialen Effekt hängt von dem Grad der Steigerung der gesellschaftlichen Arbeitsproduktivität und der Veränderung der produktiven Arbeit ab.

In Abhängigkeit von den Zielvorstellungen kann die Gesellschaft eine solche Vervollkommnung der Struktur der Faktoren planen, bei der ein größerer ökonomischer oder ein größerer sozialer Effekt erzielt wird.

Die richtige Einordnung der gesellschaftlichen Arbeitsproduktivität, und folglich die richtige Planung des Effekts des wissenschaftlich-technischen Fortschritts, hängt in großem Maße von der methodologischen Konzeption ab, die für die Rolle der von den importierten Produktionsmitteln übertragenen vergegenständlichten Arbeit verwendet wird (hier muß bemerkt werden, daß in einem Land mit offenem Reproduktionszyklus als vergegenständlichte Arbeit nur die Arbeit auftritt, die von den importierten Produktionsmitteln übertragen wird).

Viele Ökonomen vertreten den Standpunkt, daß der Aufwand, der von den importierten Produktionsmitteln übertragen wird, gleich dem Aufwand für die dafür erforderliche Exportproduktion ist. Aber das Fehlen einer theoretisch konsequenten Methode zur Ermittlung des vollen Arbeitsaufwands dieser Produktion wie auch die unvollständige Information über ihre Struktur führt dazu, daß in der Praxis dafür unterschiedliche Preise verwendet werden, was den Informationsgehalt und die Zuverlässigkeit des erzielten Ergebnisses verringert.

Ausgangspunkt der Methodologie für die Ermittlung des vollen Arbeitsaufwandes der oben erwähnten Exportproduktion und folglich auch des Verbrauchs von vergegenständlichter Arbeit im Land ist der Aspekt, daß dieser Aufwand dem Reproduktionsniveau der Produkte entspricht. Die internationalen Preise der importierten Produktionsmittel und der dafür exportierten Erzeugnisse bestimmen den physischen Umfang der letzteren. Der von dem Land zu tragende Aufwand hängt dabei vom Niveau der gesellschaftlichen Arbeitsproduktivität im Land ab.

Der volle Arbeitsaufwand der Erzeugnisse, deren Produktion Bestandteil der internationalen Arbeitsteilung ist, setzt sich aus der im Herstellungsland aufgewendeten lebendigen Arbeit und der vergegenständlichten Arbeit zusammen, die von den importierten Produktionsmitteln übertragen wurde. Um den vollen Arbeitsaufwand für diese Erzeugnisse zu ermitteln, muß man den vollen Arbeitsaufwand der Exportproduktion kennen, der für den Import der Produktionsmittel erforderlich ist. Dieser Aufwand enthält wiederum vergegenständlichte Arbeit infolge der Nutzung importierter Produktionsmittel. Im ersten Augenblick scheint sich eine Situation zu ergeben, die an die Henne und das Ei erinnert. Dieser Teufelskreis kann umgangen werden, wenn der Umfang der Exportproduktion zum Import von Produktionsmitteln in vergleichbaren Preisen bekannt ist. Wenn von der Finalproduktion des Landes der Umfang dieser Exportproduktion subtrahiert wird, erhält man das Nationaleinkommen des Landes oder die Produktion, die der aufgewandten lebendigen Arbeit des Landes entspricht. Das Verhältnis zwischen Nationaleinkommen und der Masse der dafür aufgewendeten lebendigen Arbeit stellt das Niveau der gesellschaftlichen Arbeitsproduktivität dar, und die reziproke Größe ist der für die im Lande hergestellten Erzeugnisse benötigte volle Arbeitsaufwand. Letzterer Wert, multipliziert mit dem Umfang der Exportproduktion, die für den entsprechenden Import von Produktionsmitteln (in vergleichbaren Preisen) erforderlich ist, bestimmt die Masse der vergegenständlichten Arbeit, die im Verlauf der betrachteten Periode in der Produktion verbraucht wird.

Der Standpunkt, daß das Nationaleinkommen, bezogen auf eine Einheit lebendiger Arbeit, die gesellschaftliche Arbeitsproduktivität nur in einem geschlossenen ökonomischen System richtig charakterisiert (das heißt, wenn das Nationaleinkommen mit dem Endprodukt übereinstimmt und der gesamte Aufwand als Aufwand an lebendiger Arbeit erscheint), basiert auf einer falschen methodologischen Konzeption bei der Bestimmung des Aufwandes an vergegenständlichter Arbeit, genauer, auf der Gleichsetzung dieses Aufwands mit den vergleichbaren Preisen der Produktionsmittel, die in anderen ökonomischen Systemen produziert wurden, oder aber mit der Exportproduktion zum Import dieser Produktionsmittel in vergleichbaren Preisen.

Diese methodologische Ungenauigkeit (Verwendung der vergleichbaren Preise der Produktionsmittel) zeigt sich auch bei binnenwirtschaftlichen Berechnungen. Daraus ist jedoch keinesfalls die Schlußfolgerung zu ziehen, daß dies in allen Fällen gilt. Für ein Land gilt der Aufwand als real, der tatsächlich für die produzierten Produktionsmittel verausgabt wurde, und er schließt den Aufwand an lebendiger Arbeit ein, der von den importierten Produktionsmitteln übertragen wurde. Das bedeutet, daß der Aufwand für einzelne Finalprodukte auch durch die Arbeit gebildet wird, die für ihre Produktion unmittelbar in den Produktionsmittel herstellenden Bereichen aufgewendet wurde (genauer, durch die Arbeit, die für die bereitgestellten Produktionsmittel aufgewendet wurde).

Wenn Berechnungen des Aufwands oder der gesellschaftlichen Arbeitsproduktivität für ein Land durchgeführt werden, so ist es ziemlich schwierig, die Struktur der Exportproduktion zum Import von Produktionsmitteln zu bestimmen. Es wäre bequem, den vollen Arbeitsaufwand, bezogen auf eine Einheit des Nationaleinkommens, im Landesdurchschnitt zu verwenden. Der Mangel dieses Vorgehens besteht darin, daß damit der Aufwand pro Einheit der Exportproduktion zum Import von Produktionsmitteln nivelliert wird, wodurch die Wirtschaftseinheiten mit schneller steigender Arbeitsproduktivität gegenüber denen mit schlechteren Ergebnissen benachteiligt werden und umgekehrt. Zweifellos wird mit der Vervollkommnung der gesellschaftlichen Organisation und Leitung der Produktion auch die Information verbessert. Das ist Grundlage dafür, diese Unzulänglichkeit zu überwinden. Es muß jedoch unterstrichen werden, daß diese Ungenauigkeit wesentlich geringfügiger ist als die, die auftritt, wenn auf internationalen, Valuta-, vergleichbaren oder anderen Preisen basierende Methoden verwendet werden. Das dargestellte Herangehen gewährleistet eine relativ genaue Information über den Effekt, der durch die Vervollkommnung der Produktion erzielt wird. Es kann dazu beitragen, die Planung auf wissenschaftlich-technischem Gebiet zu verbessern.

2. Struktur der Grundfondsreproduktion

2.1. Veränderungen in der Struktur der Grundfondsreproduktion sind Veränderungen im Tausch- und Gebrauchswert dieser Fonds. Folglich sind solche Strukturveränderungen ein Faktor, der die Effektivität und folglich auch das Tempo des ökonomischen Wachstums beeinflußt. Dies ist ein außerordentlich aktiver Einfluß, da er mit der Veränderung der Arbeitsmittel verbunden ist und folglich mit den Veränderungen, die von einer der wesentlichsten Tendenzen des wissenschaftlich-technischen Fortschritts bedingt sind. Dieser Umstand unterstreicht die Notwendigkeit, den Faktor "Struktur der Grundfondsreproduktion" zu untersuchen.

2.2. Die Verbindung zwischen den Veränderungen in der Struktur der Grundfondsreproduktion und der Effektivität ist vielseitig. Sie berührt sowohl den Nutzen als auch den einmaligen Aufwand. Infolge der spezifischen Rolle der Arbeitsmittel im Produktionsprozeß beeinflußt sie aber auch den laufenden Aufwand an vergegenständlichter Arbeit (Rohstoffe, Halbfabrikate, Energie, Abschreibungen) und den laufenden Aufwand an lebendiger Arbeit. Hieraus folgt, daß die Untersuchung des Effekts der Veränderungen in der Struktur der Grundfondsreproduktion ein breiteres Fundament haben muß (das heißt der Veränderungen, die mit allen Elementen des Arbeitsprozesses vor sich gehen).

2.3. Untersuchungen in Literatur und Praxis zeigen, daß sich die Struktur der Reproduktion der Produktionsgrundfonds in der Effektivität niederschlägt. Es gibt auch Untersuchungen, die den Einfluß der Investitionsstruktur auf die Effektivität charakterisieren. Beide besitzen einen wichtigen Erkenntniswert. Die Analyse und die gezogenen Schlußfolgerungen werden bereichert, wenn sowohl die vorhandenen Grundfonds als auch die Investitionen gleichzeitig berücksichtigt werden. Der Hauptgrund dafür ist die Tatsache, daß die in ihrer Dynamik betrachtete Effektivität der

Grundfonds in bestimmtem Maße durch die Effektivität bedingt wird, die potentiell in den Investitionen enthalten ist, sowie durch die synchrone Entwicklung bereits vorhandener und noch zu produzierender Arbeitsmittel. Und umgekehrt hängt die potentielle Effektivität, die in den Investitionen enthalten ist, in bestimmtem Maße von der Grundlage ab, auf der sie aufbaut, das heißt von den schon vorhandenen Produktionsgrundfonds.

2.4. Die qualitative Analyse und die Schaffung eines Instrumentariums zur Messung des Einflusses der Reproduktionsstruktur der Grundfonds auf die ökonomische Effektivität erfordert Untersuchungen sowohl der Veränderungen, die im Tauschwert und Gebrauchswert der Arbeitsmittel vor sich gehen, als auch der Veränderungen im Nutzen.

Die Veränderungen im Tauschwert und im Gebrauchswert ergeben sich durch:

Veränderungen in der finanziellen Bewertung der Grundfonds bei unverändertem Gebrauchswert der Arbeitsmittel. Sie hängen ihrerseits ab:

- von den Veränderungen der gesellschaftlichen Arbeitsproduktivität in den Produktionsmittel produzierenden Zweigen (erste Form des moralischen Verschleißes - Verbilligung der Produktion von Maschinen und Anlagen);
- von den Veränderungen in den Preisen für importierte Arbeitsmittel;
- von den Veränderungen im Preisbildungssystem und konkret von den Veränderungen in den Beziehungen zwischen Preisen und Werten in den Zweigen der Gruppe A und B.

Bei uns tendieren die Preise zu einer ständigen Annäherung an die Werte. Dies gilt in allen Zweigen, einschließlich der Zweige der Gruppe A.

Veränderungen im Tausch- und Gebrauchswert der Arbeitsmittel hängen auch von Veränderungen in der finanziellen Bewertung der Grundfonds durch Schaffung realer Abschreibungsnormative für den physischen Verschleiß ab.

In der ökonomischen Praxis berücksichtigen die Abschreibungsnormative häufig nicht den tatsächlichen Umfang des physischen Verschleißes. Eine genauere Ermittlung des tatsächlichen Umfangs der vorhandenen Grundfonds und der erforderlichen Ersatzinvestitionen ist durch die Lösung einer aus folgenden Etappen bestehenden Aufgabe möglich:

- Es ist notwendig, den gegenwärtigen Grad der Nichtübereinstimmung zwischen den Abschreibungsnormativen und dem tatsächlichen Verschleiß festzustellen.
- Die Faktoren sind zu ermitteln, die in der Vergangenheit gewirkt haben und die in Zukunft wirksam sein werden.
- Die Beschleunigung oder Verzögerung des Verschleißes ist durch Veränderungen in der Schichtarbeit, der Qualifikation der in der Produktion beschäftigten Werktätigen, der Auslastung der Arbeitsmittel usw. festzustellen.

Methodische Probleme hierbei sind vor allem folgende: Abgrenzung des Teils der Abschreibungsnormative, der den physischen Verschleiß widerspiegeln soll (bei uns trägt dieses Problem hauptsächlich formalen Charakter, da das Abschreibungsnormativ dem Wesen nach den moralischen Verschleiß überhaupt nicht berücksichtigt, auch wenn in den entsprechenden Dokumenten das Gegenteil behauptet wird), Schaffung eines Instrumentariums, mit dessen Hilfe die Veränderung der Hauptfaktoren ermittelt wird, die auf den physischen Verschleiß einwirken, Bestimmung des Zeitraumes, in dem der physische Verschleiß vor sich gehen muß.

Veränderungen im Wert und Gebrauchswert der Arbeitsmittel sind auch Folge von Änderungen in der finanziellen Bewertung der Grundfonds bei Veränderung des Gebrauchswertes der Arbeitsmittel (zweite Form des moralischen Verschleißes - Schaffung neuer, produktiverer Maschinen und Anlagen).

Sie sind dadurch bedingt, daß neue Produktionsmittel teuer sind, haben aber auch eine abgeleitete Ursache: die vorhandenen Grundfonds müssen nach Möglichkeit schneller ersetzt werden.

Hier sind mindestens folgende methodische Probleme zu lösen: Ermittlung des Umfangs des moralischen Verschleißes, wobei Kriterium die potentiellen Möglichkeiten des wissenschaftlich-technischen Fortschritts in den entwickelten Ländern und bei uns sein sollten; Ermittlung des Ausmaßes des moralischen Verschleißes unter Berücksichtigung des Kriteriums der verfügbaren Investitionsmittel; ökonomische Grenzen für die effektive Ausnutzung der vorhandenen Arbeitsmittel; Berücksichtigung der Zweige und Bereiche, in denen der moralische Verschleiß wesentliche Unterschiede zu allgemeinen Tendenzen aufweist.

Veränderungen im Nutzen sind das Ergebnis von Änderungen in der Struktur der Grundfondsreproduktion, die immer gleichzeitig mit den Veränderungen eintreten, die das Ergebnis einer ganzen Reihe von Faktoren strukturellen und nichtstrukturellen Charakters sind - Veränderungen in der technologischen, Zweig- und territorialen Struktur, Veränderungen in Abhängigkeit vom Auslastungsgrad der Produktionsmittel und Arbeitskräfte, Veränderungen in den natürlichen Produktionsbedingungen, in den Führungs- und Leitungsmethoden der Wirtschaft usw. Deshalb wäre es falsch, den erzielten Nutzen nur unter dem Aspekt der Struktur der Reproduktion der Investitionen zu betrachten.

Unter diesem Vorbehalt muß das Hauptaugenmerk auf folgende grundlegende Tendenzen gerichtet werden, in denen sich die Veränderung der Struktur der Reproduktion widerspiegelt:

- Veränderungen im laufenden Arbeitsaufwand,
- Veränderungen im Aufwand an Arbeitsgegenständen,
- Veränderungen in der Effektivität der Bereiche, in denen die Arbeitsmittel eingesetzt und wegen moralischen Verschleißes in den führenden Zweigen ausgesondert werden,
- Effekt der Reserven, die unerwünschten und unvorhergesehenen Einflüssen entgegenwirken sollen und aus moralischem Verschleiß unterliegenden Arbeitsmitteln bestehen.

Gerhard Richter

ZU DEN BEZIEHUNGEN ZWISCHEN ARBEITSPRODUKTIVITÄT UND EFFEKTIVITÄT

Das Verhältnis von Arbeitsproduktivität und Effektivität ist nicht nur für die Präzisierung der Theorie der politischen Ökonomie des Sozialismus von Bedeutung. Auch für die Wirtschaftspolitik, für die zielgerichtete Aktivität der Werktätigen zur ständig besseren Befriedigung ihrer materiellen und kulturellen Bedürfnisse ist die Klarheit über Produktivität und Effektivität Voraussetzung für das Finden der wirkungsvollsten Möglichkeiten ihrer Steigerung.

Es ist heute in der ökonomischen Literatur oft üblich, Steigerung der Arbeitsproduktivität und Erhöhung der Effektivität als nebengeordnete Prozesse zu behandeln. Dabei unterzieht man sich selten der Mühe, die Beziehungen zwischen beiden Größen herauszuarbeiten. Bei vielen Autoren gewinnt man den Eindruck, daß die Begriffe als Synonyma gebraucht werden, wobei die Effektivität in der Regel als gesellschaftliche Arbeitsproduktivität verstanden wird.

Im Unterschied dazu vertreten wir die Auffassung, daß Arbeitsproduktivität und Effektivität in ihrem ökonomischen Inhalt in der Beziehung des Teils zum Ganzen stehen, das heißt, die Effektivität der übergreifende Begriff ist. Dabei bildet die Arbeitsproduktivität das Kernstück der Effektivität; die Entwicklung der Arbeitsproduktivität ist in der Regel die bestimmende Größe für die Entwicklung der Effektivität, aber beide sind nicht identisch. Während es also durchaus berechtigt ist, Steigerung der Arbeitsproduktivität und Senkung der Selbstkosten als zwei Seiten einer Medaille zu verstehen, befinden sich Arbeitsproduktivität und Effektivität auf der gleichen Seite einer Medaille.

Diese theoretische Grundposition soll im folgenden näher ausgeführt werden. Sie macht es möglich, die realen Beziehungen zwischen Arbeitsproduktivität und Effektivität zu präzisieren und liefert wesentliche wirtschaftspolitische Ansatzpunkte.

1. Zum politökonomischen Inhalt der Arbeitsproduktivität

In der Vergangenheit hat es heftige Diskussionen um den ökonomischen Inhalt der Arbeitsproduktivität gegeben. Sie spitzten sich vor allem in der Frage zu, ob Veränderungen im Verbrauch von vergegenständlichter Arbeit eine direkte Einflußgröße darstellen, also im Index zu berücksichtigen sind, oder ob nicht einzig und allein die Veränderung der lebendigen Arbeit die Entwicklung der Arbeitsproduktivität bestimmt. Es geht hierbei zunächst nicht um Fragen der Methoden der Messung, sondern um die politökonomische Kategorie.

Eine Einbeziehung der Veränderung des Verbrauchs an vergangener Arbeit in den Begriff der Arbeitsproduktivität wurde von vielen Ökonomen abgelehnt, weil Arbeitsproduktivität stets Produktivkraft der konkreten nützlichen Arbeit, also der lebendigen Arbeit ist. Letzteres ist natürlich richtig. Ebenso richtig ist jedoch, daß die konkrete nützliche Arbeit sowohl das neue Produkt schafft, aber gleichzeitig den Wert der vergangenen Arbeit auf das neue Produkt überträgt. Eine Erhöhung des Wirkungsgrades der konkreten nützlichen Arbeit, also der Arbeitsproduktivität, ist demzufolge auf zwei Wegen möglich:

- indem weniger lebendige Arbeit für die Herstellung des Produkts aufgewendet wird,
- indem weniger Wert auf das neue Produkt übertragen wird.

Der zweite Aspekt bedarf noch einer Präzisierung. Soweit es sich nicht um Substitutionen handelt, ist für den konkreten Prozeß nur die mengenmäßige Einsparung vergegenständlichter Arbeit in der untersuchten Stufe der gesellschaftlich geteilten Arbeit produktivitätswirksam. Veränderungen des Zeitaufwandes je Einheit bei der Herstellung des Materials berühren die Produktivität der Stufe nicht.

Es erweist sich als zweckmäßig, für die weitere theoretische Untersuchung begrifflich zu differenzieren, zunächst hinsichtlich der Einbeziehung der vergegenständlichten Arbeit. Ist diese einbezogen, verwenden wir den Ausdruck "Nettoproduktivität". Das ist die volle Produktivität. Sind Veränderungen im Verbrauch an vergegenständlichter Arbeit nicht einbezogen, verwenden wir den Ausdruck "Bruttoproduktivität". Diese Größe hat für die Arbeitskräfteplanung eine große Bedeutung, da die Zahl der benötigten Arbeitskräfte für ein bestimmtes Fertigungsprogramm von Veränderungen im Verbrauch an vergangener Arbeit nicht direkt beeinflußt wird, sondern hierbei entscheidend ist, in welchem Maße in den einzelnen Arbeitsgängen lebendige Arbeit eingespart wird. Für volkswirtschaftliche Aggregationen der Arbeitsproduktivität ist vom theoretischen Inhalt her nur die Nettoproduktivität geeignet.

Eine zweite Differenzierung ist notwendig. Wir unterscheiden zwischen Produktivität der Stufe bei der Herstellung eines Produkts ("Stufenproduktivität") und Produktivität bei der Herstellung des Produkts insgesamt ("komplexe Produktivität"). Letztere ergibt sich aus der Aggregation der Arbeitsproduktivität über alle Stufen und reflektiert den vollen Aufwand. In der komplexen Produktivität ist die Unterscheidung nach Brutto- und Nettoproduktivität aufgehoben, weil in der Aggregation die Einsparungen an vergegenständlichter Arbeit in der Stufe als verminderter Reproduktionsaufwand für einfache Reproduktion in den vorgelagerten Stufen erscheinen.

Die hier skizzierte theoretische Position deckt sich mit den Ausführungen zur Steigerung der Arbeitsproduktivität im "Kapital": "Die Steigerung der Produktivität der Arbeit besteht eben darin, daß der Anteil der lebendigen Arbeit vermindert, der der vergangenen Arbeit vermehrt wird, aber so, daß die Gesamtsumme der in der Ware steckenden Arbeit abnimmt; daß also die lebendige Arbeit um mehr abnimmt als die vergangene zunimmt."[1]

Dabei ist zu ergänzen, daß zwar in der Regel eine relative Erhöhung der vergangenen Arbeit eintritt, diese relative Zunahme aber keineswegs immer mit einer absoluten Zunahme der vergangenen Arbeit je Erzeugniseinheit verbunden ist. In diesen Fällen verringert sich nicht nur das Gesamtquantum, sondern sowohl das Quantum an lebendiger als auch an vergangener Arbeit. Auch dann bleibt die für gestiegene Arbeitsproduktivität geforderte Ungleichung bestehen:

$$-\left(t_l^n - t_l^o\right) > t_v^n - t_v^o \quad . \tag{1}$$

Dabei bedeuten:

t_l - spezifischer Verbrauch an lebendiger Arbeit,

t_v - spezifischer Verbrauch an vergangener Arbeit (vereinfachte Darstellung),

o - Basisperiode,

n - Berichtsperiode.

Für gestiegene Nettoproduktivität ergibt sich umgeformt die Bedingung

$$\frac{t_l^o + t_v^o - t_v^n}{t_l^n} > 1 \quad . \tag{2}$$

Demgegenüber ist die Bedingung für gestiegene Bruttoproduktivität bereits erfüllt, wenn

$$\frac{t_l^o}{t_l^n} > 1 \quad . \tag{3}$$

Aus der Bedingung für gestiegene Nettoproduktivität läßt sich nachweisen, daß ihre Aggregation zum Index der volkswirtschaftlichen Arbeitsproduktivität in der Form

$$\frac{N_{pc}^n}{N_{pc}^o} : \frac{B^n}{B^o} \tag{4}$$

führt, also Index des Nationaleinkommens zu konstanten Preisen geteilt durch den Index der Beschäftigten. Die Genauigkeit hängt ab von der Proportionalität zwischen Preisen und gesellschaftlich notwendigem Arbeitsaufwand und der richtigen Widerspiegelung der Veränderung des Zeitaufwandes im Index der Beschäftigten.

2. Die Einbeziehung des einmaligen Aufwandes

Gestützt auf die Ausführungen von Marx und Engels, ergibt sich aus diesen theoretischen Überlegungen die Auffassung, daß die Arbeitsproduktivität und ihre Dynamik eine Kategorie des laufenden Aufwands ist, und zwar des gesamten laufenden Aufwands.

In diesem Sinne werden von Marx und Engels die Begriffe Gesamtaufwand und gesellschaftlich notwendige Arbeitszeit gebraucht. Es gibt Auffassungen, die mehr oder weniger stillschweigend von einem neuen Begriffsinhalt des Gesamtaufwandes als Einheit von laufendem und einmaligem, also vorgeschossenem Aufwand ausgehen, ohne daß allerdings bisher eine theoretische Fundierung dieser "Zusammenfassung" erfolgte. Wir halten das theoretisch und auch methodisch für fragwürdig, da hierbei eine Addition von Bestands- und Bewegungsmassen vorgenommen wird, die darüber hinaus nur zum geringen Teil korrespondierende Massen bilden.

Bei Marx wird im Hinblick auf die Arbeitsproduktivität klar von der in der Ware steckenden Arbeit gesprochen. Darüber hinaus ist der Marxsche Bezug allein auf den laufenden Aufwand bei der Arbeitsproduktivität daraus ersichtlich, daß er erst nach dem Ausgleich der individuellen Werte zum Marktwert als Ausdruck des gesellschaftlich notwendigen Arbeitsaufwandes die Bindung von Kapital, also den einmaligen Aufwand, einbezieht und daraus - auf der Grundlage des Werts - den Produktionspreis entwickelt. Hätte er von vornherein den Gesamtaufwand als Einheit von einmaligem und laufendem Aufwand verstanden, wäre diese Modifikation der Verteilung des Mehrwerts nicht notwendig gewesen.

Allerdings ist hierzu zu bemerken, daß Marx in seinen Schemata den Umschlag des fixen Kapitals in einem Jahr unterstellt, so daß er keine unterschiedlichen Größen des "c" nach vorgeschossenem und laufendem Aufwand einbezieht beziehungsweise einzubeziehen braucht. Aber aus diesem Zusammenhang heraus ist ersichtlich, daß die Höhe des - unter kapitalistischen Bedingungen, die Marx untersucht - vorgeschossenen Kapitals nicht die ursprüngliche Wertbestimmung auf der Grundlage des gesellschaftlich notwendigen Arbeitsaufwandes beeinflußt, sondern die Aneignung des

Mehrwerts als Durchschnittsprofit.

Die Arbeitsproduktivität ist eine Kategorie des laufenden Aufwands; daraus ergibt sich ein wesentlicher Unterschied zur Effektivität. Effektivität muß auch die Ökonomie des einmaligen Aufwands einbeziehen. Andere Unterschiede, wie zum Beispiel der weiterreichende Wirkungsbereich, der erweiterte Zeithorizont oder der reichere sozialökonomische Inhalt sollen in diesem Zusammenhang nicht weiter untersucht werden. Der grundlegende Zusammenhang zwischen laufendem und einmaligem Aufwand besteht darin, daß in der Tendenz die Verringerung des laufenden Aufwands über eine Vergrößerung des einmaligen Aufwands erreicht wird, oder mit anderen Worten, die "Umwegproduktion" zunimmt. Dieser Entwicklung liegen Substitutionsprozesse zugrunde. Es ist reproduktionstheoretisch jedoch nicht exakt, in diesem - häufigsten - Fall von Substitution lebendiger Arbeit durch vergegenständlichte Arbeit zu sprechen; das ist die Erscheinungsform. Dem Wesen nach ist es Substitution laufenden Aufwandes durch einmaligen Aufwand. Da laufender Aufwand in seiner produktbezogenen Entwicklung Ausdruck der Veränderung der Arbeitsproduktivität ist, kann die Vergrößerung des einmaligen Aufwands gewissermaßen als Preis für höhere Arbeitsproduktivität verstanden werden.

Die Relation in der Dynamik von einmaligem und laufendem Aufwand entscheidet maßgeblich über den Nutzeffekt der Investitionen. Von ihr hängt wesentlich die Entwicklung der Fondsquote ab. Revolutionäre Veränderungen im Produktionsprozeß sind in der Regel zunächst mit einem Sinken der Fondsquote verbunden; ihre evolutionäre Weiterentwicklung, ihre Ausschöpfung in der Regel mit einem Steigen. Das ist einer der Gründe, die für die kontinuierliche und stabile Entwicklung der Wirtschaft ein ausgewogenes Verhältnis von revolutionärem und evolutionärem wissenschaftlich-technischem Fortschritt im Reproduktionsprozeß erfordern.

Zwischen einmaligem und laufendem Aufwand besteht ein weiterer Zusammenhang. Im Zeitraum seiner Anhäufung über die Akkumulation wirkt der einmalige Aufwand auf die Konsumtion wie produktiver Verbrauch, ist Abzug vom gesellschaftlich und individuell konsumierbaren Produkt. Aus diesem Wechselverhältnis ergibt sich die Notwendigkeit, neben dem absoluten Umfang die Fristen für das Wirksamwerden des einmaligen Aufwands, der vorwiegend in Form der Investitionen erfolgt, generell so kurz wie möglich zu halten und darüber hinaus die Proportionen zwischen kurz-, mittel- und langfristig wirksam werdenden Investitionen genau so aufmerksam in die Kontrolle einzubeziehen wie die Proportionen der Investitionen zwischen den Zweigen und Bereichen.

Eine Ökonomisierung des einmaligen Aufwandes ist eng mit seiner zeitlichen Auslastung verbunden. Bei der raschen Zunahme des pro Arbeitsplatz gebundenen einmaligen Aufwandes und der Beschleunigung seines moralischen Verschleißes wird es immer mehr zur ökonomischen Notwendigkeit, besonders die hochproduktiven Anlagen mehrschichtig auszunutzen. Das wirft natürlich eine Vielzahl sozialer, arbeitsmedizinischer, organisatorischer und anderer Fragen auf. Sicher ist Einschichtarbeit, geht man isoliert von einzelnen Gesichtspunkten aus, wünschenswert, hinsichtlich der Effektivität muß die Gesellschaft teuer für diesen Luxus bezahlen. Die einfache Überlegung, daß sich mit dem Übergang vom Einschicht- zum Zweischichtsystem unter sonst gleichbleibenden Bedingungen die Fondsquote verdoppelt, zeigt die Größenordnung.

Auf die Arbeitsproduktivität am Arbeitsplatz hat die zeitliche Ausdehnung der Nutzung der hochproduktiven Anlagen keine steigernde Wirkung, doch wird das durchschnittliche Niveau über einen positiven Struktureffekt erhöht, da der Anteil der an hochproduktiven Maschinen und Anlagen geleisteten Arbeitszeit an der gesellschaftlichen Gesamtarbeitszeit steigt.

Auf die mit der Erhöhung der zeitlichen Auslastung zusammenhängenden Fragen des gesellschaftlichen Arbeitsvermögens, der Rohstoffversorgung, der Sicherung der Proportionalität usw. kann nur hingewiesen werden.

3. Anforderungen an die wirtschaftliche Rechnungsführung zur Steigerung von Arbeitsproduktivität und Effektivität

Der sozialistische Reproduktionsprozeß wird geplant und verläuft in der Einheit von Gebrauchswert und Wert, in der Einheit von materiellen und finanziellen Prozessen. Aus dem ökonomischen Grundgesetz folgt zwangsläufig, daß dabei unter dem Gesichtspunkt der Zielrealisierung die gebrauchswertmäßige Seite nach Menge, Qualität und Struktur unter Berücksichtigung vorteilhafter Transformationen über die Außenwirtschaft entscheidend ist, denn nur mit Gebrauchswerten sind letztlich ökonomische Bedürfnisse zu befriedigen. Marx und Engels gingen davon aus, daß in der kommunistischen Gesellschaft sich dieser Prozeß der Erzeugung von Gebrauchswerten ohne Dazwischentreten des vielberühmten "Wertes" abmachen ließe. Lenin wies nach, daß beim damals erreichten Stand der Produktivkräfte - und das gilt auch in vollem Umfang für die Gegenwart - der volkswirtschaftliche Reproduktionsprozeß in seiner Einheit und Differenziertheit zu seiner gesellschaftlichen Beherrschbarkeit der Anwendung der Kategorien der Warenproduktion mit ihrer Kontrolle der Leistungsströme durch entsprechende Geldströme bedarf. Das heißt aber, daß auch die wirtschaftliche Rechnungsführung in die Erhöhung einer dem Wesen nach gebrauchswertmäßig orientierten sozialistischen Effektivität eingeordnet ist.

Es wäre allerdings ein grober und gefährlicher Trugschluß, daraus eine Abwertung der Ausnutzung der in den Geldgrößen gegebenen Informations-, Kontroll- und Verteilungsmöglichkeiten ableiten zu wollen. Im Gegenteil, ihre Nutzung auf gesellschaftlicher Ebene, auch über den Rahmen der nationalen Wirtschaft hinaus, erfährt eine Vertiefung, und ihre für die sozialistische Zielstellung mitunter verschlüsselte Aussage erfordert hohe Meisterschaft und die Fähigkeit, neue Erkenntnisse und Erfahrungen in ihren komplexen Verläufen einschätzen und einbauen zu können.

Für die volle Nutzung der wirtschaftlichen Rechnungsführung im Kampf um höhere wirtschaftliche Effektivität müssen zumindest folgende Aspekte in ihrem gegenseitigen Aufeinanderwirken Berücksichtigung finden:

- Ökonomie der Zeit sowie planmäßige Verteilung der Arbeitszeit auf die verschiedenen Zweige der Produktion werden in viel höherem Grade ökonomisches Gesetz auf der Grundlage gemeinschaftlicher Produktion.

- Sozialistische Kost mißt sich insgesamt in Arbeit gegenüber kapitalistischer Kost, die sich in bezahlter Arbeit mißt. Im Sozialismus ist deshalb auch immer Verringerung der wirklichen, der gesellschaftlichen Kost anzustreben. Marx sah darin einen wesentlichen Grund für umfassendere Anwendung der Maschinerie im Sozialismus.

- Ökonomie der Zeit muß in der sozialistischen Warenproduktion über Wertkategorien durchgesetzt werden, da die Aggregation und damit auch die Kontrolle unterschiedlicher quantitativer und qualitativer Gebrauchswerte unmittelbar in Zeit gegenwärtig noch nicht möglich ist.

- Der Prozeß der Durchsetzung der Ökonomie der Zeit in seinen vielfältigen Erscheinungsformen wird in hohem Maße durch das ökonomische Verhalten der organisatorischen Grundeinheiten der Volkswirtschaft, der Betriebe, bestimmt. Dieses Verhalten hängt seinerseits entscheidend von den volkswirtschaftlich gesetzten Normativen ab, deren Kernproblem die Objektivierung der betrieblichen Leistungsbewertung nach Niveau und Dynamik ist.

- Für die Durchsetzung des wissenschaftlich-technischen Fortschritts hat in diesem Zusammenhang - verschärft durch unsere Arbeitskräftesituation - die effektive Substitution von lebendiger Arbeit in Form des laufenden Aufwands durch vergegenständlichte Arbeit in Form des einmaligen Aufwands besondere Bedeutung. Deshalb müssen die Leistungskriterien (-parameter) der Betriebe und die darauf aufbauenden Normative substitutionsfreundlich sein.

- Die Gestaltung der Leitung und Planung und besonders der wirtschaftlichen Rechnungsführung haben dazu beizutragen, "Millionen Werktätige nach den demokratischen Prinzipien unserer Gesellschaftsordnung zu hohen Arbeitsergebnissen zu führen, ... sie anzuregen, ... ihre Verantwortung für die Leitung und Planung der Volkswirtschaft immer sachkundiger und wirksamer wahrzunehmen"[2].

Diese Zusammenhänge bilden die wesentliche Grundlage für die Strategie der Erhöhung von Arbeitsproduktivität und Effektivität über die Intensivierung der materiellen Produktion, geben Hinweise für volkswirtschaftlich richtigen Einsatz der Mittel bei der sozialistischen Rationalisierung, indem sie die wirtschaftliche Rechnungsführung direkt auf die volkswirtschaftlichen Grundprozesse orientieren.

4. Zur Berücksichtigung der Beziehungen zwischen Arbeitsproduktivität und Effektivität bei der Leistungsbewertung der Betriebe

In der sozialistischen Gesellschaft hat das Gesetz der Ökonomie der Zeit umfassendere Entwicklungsbedingungen als im Kapitalismus. In engem Zusammenhang mit den hier behandelten Problemen steht in der politischen Ökonomie die Unterscheidung zwischen der bezahlten und der wirklichen Kost der Ware. Daraus leitete Marx unterschiedliche Gesichtspunkte und Grenzen für die Steigerung der Arbeitsproduktivität in den verschiedenen Gesellschaftsformationen ab. Für den Kapitalismus ist entscheidend, daß die bezahlte Kost verringert wird, für den Sozialismus ist die wirkliche Kost, gemessen in Arbeit, wesentlich. Das gilt für den Sozialismus auch unter den Bedingungen sozialistischer Warenproduktion. Die Differenz zwischen bezahlter und wirklicher Kost stellt sich für den Betrieb als Gewinn dar, um so genauer, je besser der Preis Ausdruck der wirklichen Kost ist.

Es gibt gegenwärtig noch keine Theorie des Gewinns der sozialistischen Betriebe, die von der ökonomischen Bestimmung dieser Differenz ausgeht. Das wäre aber für die Leistungsbewertung der Betriebe eine wesentliche Objektivierung. Der Gewinn wird auf die Fonds oder auf die Warenproduktion bezogen, und es werden entsprechende Rentabilitätsraten ausgewiesen. Es wird auch der durchaus erfolgreiche Versuch unternommen, über die Produktionsfondsabgabe einen ökonomisch bestimmbaren Teil dieser Differenz nach der Inanspruchnahme vorgeschossener Arbeit zu zentralisieren.

Gleichzeitig ist sich die Mehrzahl der Ökonomen darüber einig, daß die Inanspruchnahme von lebendiger Arbeit in der Ökonomie des Betriebes nicht mit ihrem volkswirtschaftlichen Gewicht widergespiegelt wird, da die Lohnkosten nur das Produkt für sich erfassen können. Es ist weder politökonomisch noch wirtschaftspolitisch ableitbar, daß die Inanspruchnahme vergegenständlichter Arbeit, die mehr und mehr aus selbst erwirtschafteten Gewinnen der Betriebe erweitert wird, eine ökonomische Verpflichtung gegenüber dem Staat in Form der Produktionsfondsabgabe mit sich bringt, während die Inanspruchnahme von lebendiger Arbeit, deren Ausbildung zum weitaus überwiegenden Teil von der Gesellschaft bestritten wird, eine solche ökonomische Verpflichtung nicht begründet. Es ist bekannt, daß daraus Hemmnisse für die Intensivierung entstehen und der sparsame Einsatz von lebendiger Arbeit nicht genügend stimuliert wird, weil der Nutzeffekt unterbewertet erscheint, denn Substitutionen lebendiger durch vergegenständlichte Arbeit erscheinen in der Differenz ihrer bezahlten und nicht ihrer wirklichen Kost.

Wir sehen eine Lösung nicht in einer weiteren Fondsabgabe für Arbeitskräfte. Es bliebe dann ein zwar kleinerer, aber ökonomisch wiederum nicht bestimmbarer Nettogewinn. Vielmehr sollte normativ aus der Inanspruchnahme an Fonds der lebendigen und der vergegenständlichten Arbeit ein Gesamtgewinnsoll fixiert werden, wobei die Gewichtung entsprechend der ökonomischen Situation erfolgen kann.

Dieses Gewinnsoll reagiert auf Erweiterungen und Einsparungen, ist also durch Substitution beeinflußbar. Daran wird, im Zusammenhang mit der gebrauchswertmäßigen Erfüllung des Plans, die Leistung des Betriebes gemessen. In welchem Umfang jeweils eine Gewinnabführung erfolgt, ist nach wirtschaftspolitischen Gesichtspunkten differenziert für die einzelnen Zweige und Betriebe entsprechend ihrer Perspektive festzulegen. Damit würde das Prinzip der Eigenerwirtschaftung der Erweiterungsmittel ausgebaut.

In Weiterführung der Ökonomie der Zeit als der wirklichen Ökonomie ist zu prüfen, ob die Kennziffer Fondsquote nicht in ihrer Aussage und analytischen Einschätzung präzisiert werden sollte. Wenn gestiegene Arbeitsproduktivität und damit eingetretene Wertsenkungen nicht in einer entsprechenden Senkung der Preise wirksam werden, sondern die Werktätigen vorwiegend über steigende Löhne und sonstige Leistungen an der gestiegenen Ergiebigkeit ihrer Arbeit beteiligt werden, verkörpert ein bestimmtes Grundmittelvolumen, ausgedrückt in einer entsprechenden Menge von Währungseinheiten, ein immer geringeres Quantum an vorgeschossener gesellschaftlicher Arbeit in Reproduktionszeit.

Erste Überschlagungsrechnungen ergeben, daß die gesellschaftlichen Produktionsfonds als jährliches Nettoprodukt einer Arbeitskraft beziehungsweise als Mehrfaches des jeweiligen Jahresnationaleinkommens, durchaus nicht diese rapide Steigerung zeigen. Es sei hier nur als Frage aufgeworfen, ob es nicht in viel höherem Maße der Ökonomie des Sozialismus entspricht, festzustellen, wieviel Nationaleinkommen mit einer Einheit vorgeschossener gesellschaftlicher Arbeit als Arbeitsquantum produziert wird gegenüber dem Ausweis einer Einheit vorgeschossener Arbeit als Währungseinheit. Denn schließlich kommt es auf das Verhältnis von Nationaleinkommen zur Menge aufgehäufter gesellschaftlicher Arbeit an, unabhängig davon, wie diese Menge Arbeit sich im Geldausdruck widerspiegelt. Diese Frage hat auch für die Beurteilung der Effektivität von Substitutionen, die vom Mengenverhältnis der zusätzlichen und der eingesparten Arbeit abhängt, erhebliche Bedeutung. Der Substitutionseffekt ist also größer, wenn wir ihn im Rahmen der Ökonomie der Zeit betrachten.

So führt die Beschäftigung mit den Beziehungen zwischen Arbeitsproduktivität und Effektivität hin zu der Grundform der Ökonomie als Ökonomie der Zeit. Gleichzeitig geht daraus hervor, daß gegenüber der Ökonomie der Fonds vor allem durch den politökonomischen Unterschied zwischen bezahlter und wirklicher Kost der Ware bestimmte Abweichungen auftreten müssen. Sie zu kennen und entsprechend zu berücksichtigen wird uns helfen, im gesamten sozialistischen Reproduktionsprozeß die wirkliche Ökonomie, eben die Ökonomie der Zeit, über die Anwendung der Wertkategorien noch wirkungsvoller durchzusetzen.

Anmerkungen

1 Karl Marx, Das Kapital. Bd. 3, in: MEW, Bd. 25, Berlin 1964, S. 171.

2 Erich Honecker, Bericht des Zentralkomitees an den VIII. Parteitag der Sozialistischen Einheitspartei Deutschlands, Berlin 1971, S. 56.

Martliese Mehnert

ZUM EINFLUSS DER MATERIALÖKONOMIE AUF DIE VOLKSWIRTSCHAFTLICHE EFFEKTIVITÄT

1. Theoretisch und praktisch hat sich die Erkenntnis durchgesetzt, daß in industriell entwickelten sozialistischen Volkswirtschaften, deren Hauptweg zur weiteren Entwicklung der Volkswirtschaft in der Intensivierung des volkswirtschaftlichen Reproduktionsprozesses besteht, einer rationellen Materialökonomie große Bedeutung zukommt. Das in der Volkswirtschaft angewendete und verarbeitete stoffliche und energetische Material - Rohmaterial, Zwischenprodukte, Halbfabrikate, Hilfsstoffe, Energie - stellt kein passives Element der intensiv erweiterten Reproduktion dar. So wie gesellschaftliches Arbeitsvermögen und Produktionsgrundfonds in ihrer qualitativen und quantitativen Entwicklung als grundlegende Produktionselemente auf das Wachstum des Nationaleinkommens einwirken und ihre intensive Nutzung die Entwicklung der volkswirtschaftlichen Effektivität wesentlich beeinflußt, wirkt auch das Material in seiner qualitativen und quantitativen Entwicklung auf das Wachstum des Nationaleinkommens. Durch intensive Materialnutzung, die den volkswirtschaftlichen Effektivitätsanforderungen entspricht, werden direkte und indirekte Einflüsse auf die Effektivität des volkswirtschaftlichen Reproduktionsprozesses insgesamt ausgeübt.

Mit der Entwicklung der gesellschaftlichen Produktivkräfte und des wissenschaftlich-technischen Fortschritts wächst quantitativ und qualitativ die Ausstattung der Arbeitskräfte mit Produktionsgrundfonds, das Qualifikationsniveau der Arbeitskräfte erhöht sich, Produktionsausrüstungen und Fertigungsprozesse werden technisch und technologisch vervollkommnet. Im Ergebnis steigt die gesellschaftliche Arbeitsproduktivität, wobei der Anteil vergegenständlichter Arbeit zunimmt, der Anteil lebendiger Arbeit abnimmt.

Ständig mehr Rohmaterial, Zwischenprodukte, Halbfabrikate, Zulieferteile werden mit steigender Arbeitsproduktivität je Arbeitsstunde verarbeitet oder verbraucht, damit steigt notwendigerweise der Anteil des Ersatzes für verbrauchtes Material am Gesamtprodukt der Gesellschaft. Oder anders ausgedrückt, der Materialaufwand vergrößert sich im Vergleich zum produzierten Nationaleinkommen. Mit einer ständigen Erweiterung von Volumen und Wert des Materialverbrauchs in der Volkswirtschaft muß zukünftig die effektivitätsfördernde Gestaltung der materialökonomischen Prozesse noch mehr an Gewicht gewinnen.

Eine andere Frage methodologischen Charakters besteht darin, daß durch den Materialumlauf im arbeitsteiligen Stufenprozeß der gesellschaftlichen Produktion zahlreiche Doppel- und Mehrfachzählungen im Wert des gesellschaftlichen Gesamtprodukts enthalten sind. Mit zunehmender Spezialisierung und Kooperation der Produktion wächst der Anteil Material weiterverarbeitender Stufen und damit auch der Umfang von Doppelzählungen, durch Kombination und Konzentration der Produktion können entgegengesetzte Effekte ausgelöst werden. Die grundsätzliche Bedeutung steigenden Materialverbrauchs in der Volkswirtschaft wird von dieser Frage nicht berührt, es ergeben sich hieraus aber Aufgaben statistisch-methodologischer Art der Erfassung und Berechnung des Materialverbrauchs sowie des von Doppelzählungen bereinigten volumen- und wertmäßigen Nachweises.

Die Auswirkungen einer rationellen Gestaltung materialökonomischer Prozesse bei der Intensivierung und Erhöhung der Effektivität der Volkswirtschaft können nicht richtig eingeschätzt werden, wenn die inneren Beziehungen und Verflechtungen mit den Faktoren des Reproduktionsprozesses nicht berücksichtigt werden, die in einem wesentlichen inneren Zusammenhang zum Materialverbrauch stehen.

Für die Fünfjahrplanperiode 1971 bis 1975 wurde daher auch auf dem VIII. Parteitag der Sozialistischen Einheitspartei Deutschlands eine durchschnittliche jährliche Senkung des volkswirtschaftlichen Materialaufwands für die industrielle Warenproduktion um 1,8 bis 2 Prozent gefordert. Das würde für das Jahr 1975 bedeuten, daß aus dieser Senkung etwa 10 Milliarden Mark Zuwachs zum Nationaleinkommen der DDR resultieren. Das zeigt, daß die relative Senkung von Materialaufwand - im Vergleich zur erzeugten Produktion - in einer volkswirtschaftlich bedeutsamen Größenordnung für die effektivere Gestaltung des Reproduktionsprozesses wirksam wird.

2. Wenn für die Intensivierung des sozialistischen Reproduktionsprozesses gesichert werden muß, daß unter den Bedingungen wachsender nationaler und internationaler Kooperation und Verflechtung und raschen wissenschaftlich-technischen Fortschritts alle Quellen für eine relative Verminderung des Materialaufwands und für die Erhöhung der Effektivität der Materialnutzung erschlossen werden, so findet diese komplexe Aufgabenstellung in bestimmten volkswirtschaftlichen Prozessen ihren Ausdruck und erfordert die Lösung der damit verbundenen Fragen. Dabei geht es nicht nur um den laufenden Materialverbrauch, der eng mit dem Produktionsfluß in der Volkswirtschaft verbunden ist, sondern auch um die Höhe, Struktur und zeitliche Bereitstellung der Materialbestände, die eine kontinuierliche Produktion und optimale Auslastung der zur Verfügung stehenden Produktionskapazitäten gewährleisten sollen.

Unter dem Aspekt effektiver Beziehungen zwischen Produktion und Materialbeständen einerseits und Produktion und laufendem Materialverbrauch andererseits sind vor allem zwei Aufgaben zu lösen:

- Die Materialbestände sollen zwar in der notwendigen Höhe, zur richtigen Zeit und am richtigen Ort vorhanden sein, gleichzeitig aber auch die geringstmöglichen finanziellen und materiellen Mittel binden. Höhere Effektivität ist mit der Anforderung verbunden, in der Zeiteinheit einen größeren Produktionsumfang mit gleicher Materialbestandshaltung zu erzielen.
- Mit dem verfügbaren Materialaufkommen (Rohmaterial, Zwischenprodukte, Zulieferteile, Hilfsstoffe, Energie) müssen die Anforderungen der Produktion so befriedigt werden, daß proportionale und kontinuierliche Beziehungen zwischen der Produktion in den Industriezweigen und dem Materialverbrauch der Zweige gesichert werden. Höhere Effektivität ist mit der Anforderung verbunden, eine relative Verminderung des Materialverbrauchs gegenüber der Produktionsentwicklung herbeizuführen, so daß die volkswirtschaftliche Materialintensität (oder Energieintensität) der Produktion sinkt.

2.1. Das Optimierungsproblem der Bestände an Material und Zuliefererzeugnissen, das sich daraus ergibt, daß die Bestände zwar einen reibungslosen Produktionsprozeß gewährleisten, aber auch die geringstmöglichen Mittel binden sollen, ist für die produzierenden Einheiten schwierig zu lösen. Einmal ergeben sich Bedingungen der Unsicherheit daraus, daß Produktionspläne im Verlaufe einer Planperiode Veränderungen erfahren und Stockungen in den gegenseitigen Lieferbeziehungen auftreten können. Vor allem aber führt der national und international zunehmende Grad der Konzentration und Spezialisierung der Produktion zur Ausdehnung der wechselseitigen Liefer- und Abnehmerbeziehungen, so daß die Bestimmung der jeweils notwendigen wert- und volumenmäßigen Bestandsstrukturen schwieriger wird.

Damit hängt zusammen, daß für die Erhöhung der Stabilität und Elastizität der Produktionsprozesse, für die störungsfreie Anpassung an notwendige strukturelle Veränderungen und für die Erfüllung der Verpflichtungen aus den ökonomischen Verflechtungsprozessen der sozialistischen Länder die Bildung von Materialreserven immer größere Bedeutung gewinnt. Diese müssen nicht nur rasche Reaktion der Produzenten auf Ausfall- und Håvariesituationen in der Materialbereitstellung erlauben, sondern auch eine aktive Rolle bei der Erhöhung der Kontinuität und Effektivität der Produktion vom Gesichtspunkt der Sicherung notwendiger Reserven für dynamische Entwicklungen spielen. Die Intensivierung des volkswirtschaftlichen Reproduktionsprozesses erfordert im Bereich der Materialbestandswirtschaft eine planmäßige Reservenbildung.

Die Bereitstellung von Material und Zuliefererzeugnissen für die Produktion ist stets mit bestimmten materiellen und finanziellen Risiken verbunden. Das ist nicht so sehr ein quantitatives als vielmehr ein qualitatives Problem hinsichtlich der Struktur der Bestände. Mängel in den Bestandsstrukturen äußern sich in vermehrtem Auftreten von Über- und Unterplanbeständen. Eine Anhäufung von Überplanbeständen, die nicht für Produktionszwecke verwertet werden können, läßt sich vielfach auf eine Materialstruktur zurückführen, die weder den Produktionsaufgaben noch den angewandten Technologien entspricht. Sie erfolgt auch bei Versorgungsschwierigkeiten, wenn die Betriebe bestrebt sind, sich ein Materialpolster anzulegen.

Vom Standpunkt der Kontinuität der Produktion sind Unterplanbestände besonders ungünstig, da sie mit zeitlichen Zusammenballungen beim Produktionsablauf, schwankender Auslastung der Produktionsanlagen und Zunahme von Überstunden der Arbeitskräfte in engem Zusammenhang stehen.

2.2. Für die Gestaltung der Beziehungen zwischen der Produktion und dem laufenden Verbrauch von Rohmaterial, Zwischenprodukten, Halbfabrikaten, Hilfsstoffen und Energie in den Industriezweigen sind Kontinuität und Proportionalität zwei zusammengehörende Bedingungen, um effektive Entwicklungen herbeizuführen. Mit den Anforderungen an die jeweiligen Entwicklungsrelationen von Produktion und Materialverbrauch muß dabei gesichert werden, daß genügend Spielraum für dynamische Entwicklungen, für Tempobeschleunigungen auf Grund des wissenschaftlich-technischen Fortschritts beim Materialverbrauch wie bei der Produktion vorhanden ist. Andererseits kommt es aber auch darauf an, unter Vermeidung von Stagnation eine größere Ausgeglichenheit bei der Entwicklung der Relationen zwischen Produktion und Materialverbrauch zu erzielen. Es sollen größere Schwankungen im Zeitverlauf vermieden und stärkere Ausschläge nach oben oder unten vom durchschnittlichen Wachstumstempo vermindert werden. Wenn während eines längeren Zeitraumes Beschleunigungen und Verlangsamungen bei den Entwicklungsrelationen zwischen Produktion und Materialverbrauch ständig wechseln, muß dies zu Spannungen bei der Sicherung proportionaler Beziehungen in der Volkswirtschaft insgesamt führen.

Von besonderer Bedeutung ist in diesem Zusammenhang die Sicherung proportionaler Entwicklungsrelationen zwischen der Produktion in den überwiegend Material und Energie erzeugenden Industriezweigen (Energie- und Brennstoffindustrie, Metallurgie, Baumaterialienindustrie) und der Produktion in den vorwiegend Material und Energie be- und verarbeitenden und anwendenden Industriezweigen (Maschinen- und Fahrzeugbau, Elektrotechnik/Elektronik/Gerätebau, Leichtindustrie sowie auch die Bauwirtschaft). Da Veränderungen bei der Produktion der überwiegend Material erzeugenden Zweige über den Materialeinsatz bei den Weiterverarbeitern auf die

Produktion der überwiegend weiterverarbeitenden Zweige übertragen werden, entstehen Disproportionalitäten, wenn die erzeugenden Zweige zurückbleiben und im Wachstumstempo stark schwanken. Die Produktion der weiterverarbeitenden Zweige entfernt sich von ihrer Material- und Energiegrundlage, und die weitere Entwicklung wird selbst bei den technisch führenden Zweigen der Industrie beeinträchtigt.

Es ist eine wesentliche Aufgabe bei der Intensivierung des Reproduktionsprozesses, die Beziehungen zwischen der Produktion in den Industriezweigen und dem Material- und Energieverbrauch der Zweige unter Berücksichtigung der Verflechtungen zwischen den überwiegend Material produzierenden und den überwiegend Material weiterverarbeitenden Zweigen so zu gestalten, daß insgesamt in der Industrie eine relative Verminderung des Material- und Energieverbrauchs im Vergleich zur Produktion erfolgt. Damit sinkt die Material (und auch Energie-)intensität der Produktion, was sich auf die volkswirtschaftliche Effektivität insgesamt positiv auswirkt.

Dieser notwendige Prozeß wird gefördert durch eine Intensivierung der Produktion in den Material, insbesondere Rohmaterial, und Energie erzeugenden Zweigen selbst, indem durch technische Fortschritte und neue Technologien eine komplexere Nutzung der Ausgangsstoffe sowie eine höhere Qualität erreicht werden. Die Kontinuität der Produktion soll durch neue Verfahren verbessert werden, besonders wenn effektivere Ausgangsstoffe in den Stufenprozeß der gesellschaftlichen Produktion gelangen. Eine so erreichte höhere ökonomische Effektivität bei den Rohmaterial- und Energieerzeugern macht ein höheres Volumen an Material und Energie für die Weiterverarbeitung verfügbar, ohne daß langfristig die volkswirtschaftliche Materialintensität erhöht wird.

Vom Standpunkt der Gesamtvolkswirtschaft ist es vor allem effektiv, die Intensivierungsanstrengungen auf die überwiegend Material weiterverarbeitenden Zweige zu richten, dort die Produktion zu vervollkommnen und durch rationelle Materialökonomie zu sichern, daß mit einem gegebenen Materialvolumen und Energieeinsatz ein Wachstum der Finalproduktion erzielt wird. Die direkten Auswirkungen in der verarbeitenden Industrie selbst sind dabei nur eine Seite der möglichen Steigerung der volkswirtschaftlichen Effektivität. Noch wesentlicher ist, daß in den überwiegend Material weiterverarbeitenden Zweigen eingespartes Material und eingesparte Energie in den überwiegend Material und Energie produzierenden Zweigen nicht zusätzlich erzeugt zu werden brauchen.

Es soll nur am Rande erwähnt werden, daß bei der Kontinuitäts- und Proportionalitätsproblematik in den Beziehungen zwischen Produktion und Material- sowie Energieverbrauch der Industriezweige auch die Auswirkungen auf die Effektivitätsentwicklung des gesellschaftlichen Arbeitsvermögens und der Grundfonds in den Zweigen berücksichtigt werden müssen. Alle Aspekte der lebendigen und vergegenständlichten Arbeit müssen hier in ihren Wechselbeziehungen erfaßt werden.

3. Unter den jeweiligen konkreten Bedingungen in den einzelnen sozialistischen Volkswirtschaften erfordert die Sicherung der Rohmaterialgrundlage und die Herstellung einer effektiven Materialverbrauchsstruktur die Nutzung aller Möglichkeiten, die sich aus der zunehmenden ökonomischen Integration der RGW-Länder ergeben. Auch bei Nutzung aller inneren Quellen in den einzelnen Volkswirtschaften zur Deckung des Material- und Energiebedarfs und zur Verbesserung der Materialverbrauchsstrukturen müssen die sozialistischen Volkswirtschaften, wenn auch in unterschiedlichem Ausmaß, Rohstoff- und Materialbegrenzungen, Engpässe an Zulieferererzeugnissen, Spitzenanforderungen an Energie mit Hilfe von Importen beheben und Materialverbrauchsstrukturen veränderten Bedingungen anpassen. Die Klärung dieser Fragen erfordert eine komplexe Betrachtungsweise, die die Gestaltung der Produktionsstrukturen in den einzelnen sozialistischen Ländern miteinbezieht.

Für die Erhöhung der Effektivität des volkswirtschaftlichen Reproduktionsprozesses ergeben sich aus der Sicht materialökonomischer Prozesse in Verbindung mit der Verflechtung sozialistischer Länder einige Fragen, die mit fortschreitender Entwicklung gelöst werden müssen:

- In welchem Umfang ist eine möglichst vollständige Nutzung der verfügbaren einheimischen Material-, insbesondere Rohmaterialressourcen unter der Bedingung des dafür geringstmöglichen Mitteleinsatzes notwendig?

Die stärkere Nutzung einheimischer Ausgangsstoffe erweitert die Rohmaterialgrundlage der Volkswirtschaft. Auftretende Widersprüche bei Abnahme der Ergiebigkeit der Ressourcen müssen planmäßig gelöst werden. Dabei entsteht auch die Frage nach verstärkter Aufbereitung und Verarbeitung zu regenerierender Materialien, was die Materialbasis ebenfalls erweitert. Hier ist zu berücksichtigen, welche Aufwendungen zur Nutzbarmachung dieser Stoffe entstehen und welche Effekte mit der Nutzung erzielt werden. Zunehmend spielen dabei solche Gesichtspunkte eine Rolle wie Verminderung des Raumbedarfs zur Abfallagerung, Verringerung der Boden-, Wasser-, Luftverunreinigung, die durch Industrieabfälle hervorgerufen wird.

- In welchem Umfang sind - bei zunächst gegebener Produktionsstruktur - Importe von Material - insbesondere Rohmaterial - und Energie notwendigerweise zu sichern? (Zum Beispiel sind 50 Prozent aller Importe der DDR Rohmaterialimporte.)

- Für welche neuen, effektiven Materialien bietet die Volkswirtschaft erfolgversprechende Möglichkeiten des Aufbaus von Forschungs-, Entwicklungs- und Produktionskapazitäten zur Sicherung der Bedarfsdeckung einiger oder aller sozialistischer Länder?

- Welche Entwicklungen für eine eigene Rohmaterialbasis sind für die Volkswirtschaft gegenwärtig noch uneffektiv, können aber von anderen sozialistischen Ländern nicht voll übernommen werden, so daß die Probleme einer eigenen Erschließung in naher Zukunft gelöst werden müssen? Welche Investitionsbeteiligungen beim Aufbau von Kapazitäten für Forschung, Herstellung, Be- und Verarbeitung von Rohmaterial und speziellen Werkstoffen in sozialistischen Partnerländern sind notwendig, wobei neue Formen gemeinsamen Eigentums entstehen? Mit einer solchen Zusammenarbeit werden die wirtschaftlichen Belastungen der Rohmaterial erzeugenden Länder stärker berücksichtigt.

- Welche langfristigen Möglichkeiten bestehen für die Steigerung des Exports der Volkswirtschaft an hochveredelten, forschungsintensiven Werkstoffen und Materialien, um die Ausgangspositionen für Rohmaterialimporte zu verbessern?

- Inwieweit ist es für die Volkswirtschaft effektiver, die Exportkraft auf anderen Gebieten als dem der Werkstoffe und des Materials zu stärken, unter Berücksichtigung des Bedarfs der anderen sozialistischen Länder?

- Welche Veränderungen können in Zusammenhang mit der ökonomischen Verflechtung der sozialistischen Länder in der Produktionsstruktur der Industrie durchgeführt werden, die auch die Struktur des Material- und Energieverbrauchs nachhaltig verbessern können? So ist zum Beispiel zu überlegen, inwieweit es erforderlich ist, in der Industrieproduktion einen relativ hohen Anteil der Metallverarbeitung aufrechtzuerhalten, wenn er auf einem entsprechend hohen Verbrauch von Importmaterialien beruht.

4. Durch Maßnahmen zur intensiven Material- und Energieausnutzung müssen Material- und Energieausnutzungskoeffizienten verbessert und Reduzierungen des spezifischen Material- und Energieverbrauchs je Produktionseinheit (Material und Energie in naturaler Maßeinheit bezogen auf die erzeugte Produktion) herbeigeführt werden. Bei Berücksichtigung international vergleichbarer Zahlenangaben aus entwickelten Industrieländern liegen vor allem in der Senkung des spezifischen Material- und Energieverbrauchs große Reserven für die relative Verminderung des Material- und Energieverbrauchs in der Volkswirtschaft im Vergleich zur Entwicklung der Produktion und damit zur Senkung der volkswirtschaftlichen Material- und Energieintensität der Produktion.

Diese Frage ist unmittelbar verknüpft mit den technologischen Fortschritten, die im einzelnen bei den Herstellungsprozessen herbeigeführt werden können. Diese verlaufen nicht ohne Widersprüche und auch Sprünge. Daß die Grenzen in der Senkung des spezifischen Materialverbrauchs in Abhängigkeit von den angewandten Technologien in den meisten Industriezweigen noch nicht erreicht sind, zeigt sich besonders beim Einsatz von Brennstoffen zur Erzeugung von Elektro- und Wärmeenergie, beim Schwarz- und Buntmetallverbrauch zur Produktion von Maschinen und Ausrüstungen sowie beim Einsatz metallurgischen Materials in der metallverarbeitenden Industrie. Dabei spielen bestehende Werkstoffstandards eine große Rolle, die teilweise nicht genug auf hohe Ausnutzung orientieren, nicht mehr den gegenwärtigen Verarbeitungsanforderungen (noch weniger zukünftigen) der Anwenderzweige entsprechen, in Qualitäts-, Gewichts-, Abmessungs-,

Sortimentierungs-, Kennzeichnungs-, Verpackungsvorschriften und Bevorratungsnormen hinter den Anforderungen einer rationellen Materialökonomie zurückbleiben.

Auch die Grenzen in der Senkung des spezifischen Energieverbrauchs sind noch keineswegs erreicht. Diese Frage muß vor allem auch in Zusammenhang mit der Aussonderung veralteter Grundmittel gesehen werden, die meist einen erhöhten Energiebedarf aufweisen. Mit der planmäßigen Grundfondserneuerung werden zugleich günstige Auswirkungen auf die weitere Verminderung des spezifischen Energieverbrauchs erzielt.

Die große Bedeutung der produktionsvorbereitenden Abteilungen in den Industriebetrieben für die Senkung des spezifischen Material- und Energieverbrauchs zeigt sich daran, daß von diesen bereits über etwa 80 bis 90 Prozent des Materialaufwands der Produktion entschieden wird. Auch eine rationelle Materialökonomie an allen Arbeitsplätzen im eigentlichen Fertigungsprozeß trägt dazu bei, daß der Ausnutzungsgrad von Material und Energie sich erhöht, daß Ausschußproduktion vermindert und Abfallquoten gesenkt werden können. Die Möglichkeiten, die sich hier einer materiellen Stimulierung bieten, sind bekannt.

Wesentliche Möglichkeiten für die Senkung des spezifischen Material- und Energieverbrauchs können durch verstärkte Einführung neuer, effektiver Materialarten und Energieträger erschlossen werden, bei denen auf Grund neuartiger Verarbeitungstechnologien der spezifische Material- beziehungsweise Energieverbrauch vergleichsweise niedrig ist. Das gilt besonders für die chemische Industrie in ihren verschiedenen Untergliederungen. So wird etwa der durchschnittliche Ausnutzungsgrad der Metalle in der metallverarbeitenden Industrie mit 70 bis 80 Prozent, derjenige der Plastwerkstoffe in der plasteverarbeitenden Industrie mit über 95 Prozent angenommen. Das erklärt auch die große Bedeutung von Materialsubstitutionen. Fortschritte in der Nutzung von Plasten und Elasten, Chemiefasern, den verschiedenen Arten von Verbundwerkstoffen und neuartigen Konstruktionsmaterialien sowie bei Erdöl und Erdgas sind für den Umfang des Material- und Energieverbrauchs insgesamt wie für die weitere Entwicklung der Material- und Energieintensität wichtige Einflußfaktoren.

Untersuchungen lassen erkennen, daß die Tendenzen in der Entwicklung des spezifischen Materialverbrauchs bei wichtigen Einsatzmaterialien in der Industrie sowie in der Entwicklung des spezifischen Energieverbrauchs dahin gehen, daß auch in Zukunft unter diesem Aspekt eine effektivere Material- und Energienutzung erwartet werden kann, die zur Steigerung der volkswirtschaftlichen Effektivität führt.

5. Veränderungen im Material- und Energieverbrauch auf Grund der Wachstumsdynamik neuer Rohmaterialien, Werkstoffe und neuer Energieträger sollen in der Volkswirtschaft unter dem Aspekt der Erhöhung der Effektivität des Material- und Energieverbrauchs gefördert werden. Gegenüber anderen Faktoren des Reproduktionsprozesses, zum Beispiel den Arbeitskräften, stellt das Material einen anpassungsfähigeren Faktor dar. Dies gilt besonders unter dem Gesichtspunkt der sich vertiefenden sozialistischen ökonomischen Integration, die zahlreiche Möglichkeiten der Zusammenarbeit bei der Erforschung, Entwicklung und Produktion neuer Rohmaterialien und Werkstoffe bietet. Aus Untersuchungen des Zentralinstituts für Wirtschaftswissenschaften der Akademie der Wissenschaften der DDR geht hervor, daß trotz dieser relativen Anpassungsfähigkeit, die eine Elastizität bei der Entwicklung von Material- und Energieeinsatzstrukturen erwarten läßt, in der Volkswirtschaft grundlegende Veränderungen in der Verbrauchsstruktur nach Material- und Energiearten zur Zeit noch vergleichsweise langsam vor sich gehen, wenn dabei der Material- und Energieverbrauch der gesamten Industrie nach Volumen und Struktur berücksichtigt wird.

Die Produktion neuer Erzeugnisse in der Volkswirtschaft, die durch die ständigen Veränderungen der produktiven und konsumtiven Bedürfnisse stimuliert wird, baut zu einem wesentlichen Teil noch auf der herkömmlichen Materialverbrauchsstruktur auf. Das ist selbst in den expandierenden Zweigen der Fall. Zudem setzen sich Materialsubstitutionen größeren Umfangs bei schon länger bestehenden Herstellungsprozessen und alteingeführten Erzeugnissen noch relativ langsam durch. Dies trifft vor allem für den gesamten Bereich der metallverarbeitenden Industrie zu. Durch Materialsubstitution ist nur über einen längeren Zeithorizont eine tiefgreifende Veränderung in der Materialverbrauchsstruktur zu erreichen.

Das ist darauf zurückzuführen, daß zwar durch den wissenschaftlich-technischen Fortschritt ständig Fortschritte bei der Neuentwicklung von Roh- und Werkstoffen, Materialien aller Art und Energieträgern ausgelöst werden, die Überführung dieser, in langfristiger Sicht effektiveren Material- und Energiearten zur massenweisen Anwendung - mit durchgreifenden Veränderungen in der Material- und Energieverbrauchsstruktur der Volkswirtschaft - aber den Aufbau neuer Produktionskapazitäten und damit Investitionsaufwand erfordert, der erst nach einer längeren Zeitspanne voll wirksam wird.

Da die Grundfonds langfristig wirksam und festgelegt sind, ergibt sich zudem für die Anwenderzweige die Notwendigkeit, ihren Produktionsapparat umzurüsten, was nur beschränkt möglich ist. Die festgelegte, relativ hohe vorhandene Ausstattung mit Grundfonds bei potentiellen Anwendern neuer Materialarten steht einer schnellen, massenweisen Anwendung dieser Materialarten entgegen. Die Möglichkeiten der Einführung neuer Materialien und effektiverer Energiearten auf alten und neuen Anwendungsgebieten sind daher auch für die Zukunft noch längst nicht erschöpft. Besonders im Maschinen- und Fahrzeugbau und in der Bauwirtschaft müssen noch viele Einsatzgebiete stärker erschlossen werden, um eine in langfristiger Sicht effektivere Materialnutzung zu erreichen. Da das Preisproblem dabei eine wichtige Rolle spielt und neue Material- und Energiearten einer ökonomischen Stimulierung bedürfen, besteht volkswirtschaftlich die Aufgabe, neue, effektivere Materialien und Energieträger kostengünstig zur Anwendung bereitzustellen.

Notwendig ist vor allem, Grundfondsreproduktion und Materialökonomie als einen zusammengehörenden Komplex zu betrachten und die Intensivierung der Grundfondsnutzung mit der Intensivierung des Materialverbrauchs und des Energieverbrauchs zu verbinden. Wenn bei der planmäßigen Grundfondsreproduktion alle Möglichkeiten der Veränderung von Material- und Energieeinsatzstrukturen mit berücksichtigt werden, so sind Veränderungen der Material- und Energieverbrauchsstruktur nach Material- und Energiearten zweifellos in kürzerer Zeit und reibungsloser möglich.

6. Durch Veränderungen in der Produktionsstruktur der Industrie und die daraus resultierenden Auswirkungen auf den Verbrauch der Material- und Energiearten kann die Effektivität der Material- und Energienutzung verbessert werden. Ausgelöst durch die Bedürfnisentwicklung und in Verbindung mit der Dynamik des wissenschaftlich-technischen Fortschritts, verändern sich die materiellen Proportionen der Produktion zugunsten neuer Erzeugnisse und neuer Produktionsarten etappenweise. Diese werden auch unter dem Aspekt des künftigen Wachstums der Volkswirtschaft sowie der Exporterfordernisse und vor allem im Rahmen der planmäßigen ökonomischen Verflechtung der sozialistischen Länder so ausgebaut, daß die Industriezweige, in denen diese Erzeugnisse produziert werden, vergleichsweise hohe Zuwachsraten der Produktion und einen steigenden Anteil an der Industrieproduktion insgesamt gewinnen.

Handelt es sich dabei um die vorrangige Entwicklung von Industriezweigen mit relativ geringer Material- oder Energieintensität, wird nicht nur eine höhere Effektivität in der Material- und Energienutzung erreicht, sondern auch die Effektivität des gesamten volkswirtschaftlichen Reproduktionsprozesses positiv beeinflußt.

Die Erhöhung des Strukturanteils von Zweigen, die neue effektivere Materialarten und neue Energieträger herstellen, verarbeiten oder anwenden, ist besonders wichtig. So trugen zum Beispiel in der Volkswirtschaft der DDR die Strukturveränderungen in der Industrie durch beschleunigtes Wachstum der chemischen Industrie, von Elektrotechnik/Elektronik/Gerätebau und des Maschinen- und Fahrzeugbaus sowie die allmähliche Erhöhung des Gewichts dieser Zweige am Materialverbrauch insgesamt zur positiven Entwicklung der Materialintensität der Industrie und zu höherer Effektivität der volkswirtschaftlichen Reproduktion bei. Die Problematik der Strukturentwicklung im Zusammenhang mit der ökonomischen Verflechtung der sozialistischen Länder erfordert jedoch differenzierte Lösungen, bei denen die Verbesserung von Material- und Energieverbrauchsstrukturen nur ein Gesichtspunkt sein kann.

Einflüsse aus den Veränderungen der Produktionsstruktur auf den Material- und Energieverbrauch vollziehen sich nicht in spektakulären Entwicklungssprüngen, da die Änderungen in der Produktionsstruktur erst nach längerer Zeit sichtbar werden. Veränderungen in der Industriezweigstruktur der Produktion und damit auch der Zweigstruktur des Material- und Energieverbrauchs üben einen Einfluß zudem nicht nur auf die Entwicklung der Effektivität der Material- und Energienutzung, sondern auch auf die Effektivität in der Nutzung der Produktionsgrundfonds und der Arbeitskräfte aus. Wird die Rohmaterial- und Energiebasis in der Energie- und Brennstoffindustrie, in der Metallurgie und Baumaterialienindustrie durch Grundfondszuwachs erweitert, um dort eine höhere Produktion zu erreichen, so führt das nicht nur zu einer verlangsamten Senkung der Materialintensität der Industrie insgesamt, da diese Zweige besonders materialintensiv sind, es wird auch eine Tendenz zur Erhöhung der Grundfondsintensität der Industrie insgesamt ausgelöst. Diese Zweige, die bereits zweigdurchschnittlich eine höhere Grundfondsintensität aufweisen als die überwiegend Material weiterverarbeitenden Zweige des Maschinen- und Fahrzeugbaus, von Elektrotechnik/Elektronik/Gerätebau und Leichtindustrie bekommen dann ein stärkeres Gewicht innerhalb der Industriestruktur. Außerdem ergeben sich auch Auswirkungen in Richtung einer tendenziellen Verlangsamung im Wachstum der Arbeitsproduktivität der Industrie insgesamt.

Natürlich werden die gegenseitigen Effektivitätsbeziehungen zwischen Arbeitskräften, Grundfonds und Material (einschließlich Energie) nicht nur durch die Zweigstrukturveränderungen von Produktion und Material- und Energieverbrauch beeinflußt. Ökonomische Prozesse ganz unterschiedlicher Art führen zu gleichlaufenden oder entgegenwirkenden Entwicklungstendenzen. Da es aber darauf ankommt, daß die Effektivitätsentwicklung bei der Nutzung von Arbeitskräften, Grundfonds und Material so gestaltet wird, daß der Prozeß der Erhöhung der volkswirtschaftlichen Effektivität insgesamt gefördert wird, müssen auch Strukturveränderungen der Produktion und damit des Material- und Energieverbrauchs unter diesem Gesichtspunkt einer komplexen Betrachtungsweise unterzogen werden.

Reinhard Schaefer

ZUR ROLLE DER BILDUNG BEI DER ERHÖHUNG DER VOLKSWIRTSCHAFTLICHEN EFFEKTIVITÄT

1. Die Intensivierung des Reproduktionsprozesses ist durch Prozesse gekennzeichnet, die entscheidende Bedeutung für Umfang, Niveau und Struktur von Bildung und Qualifikation haben und damit Konsequenzen in diesem Bereich nach sich ziehen. Solche Prozesse sind:

- zunehmender Reifegrad der sozialistischen Produktivkräfte und Produktionsverhältnisse und damit verbundener höherer Grad der Bedürfnisbefriedigung;
- sozialistische Rationalisierung mit ihren Bestandteilen Mechanisierung, Teilautomatisierung und Automatisierung bestimmter Vorhaben;
- Beschleunigung des wissenschaftlich-technischen Fortschritts;
- wachsende Bedeutung der Wissenschaft für den Reproduktionsprozeß;
- sich verstärkende Wechselbeziehungen zwischen materiellen und nichtmateriellen Bereichen;
- zunehmende Rolle der ökonomischen Integration der sozialistischen Staaten.

Diese Prozesse erfordern qualitative und quantitative Veränderungen in der Struktur des gesellschaftlichen Gesamtarbeiters und sind nur zu realisieren, wenn das entsprechende Bildungsniveau gesichert ist. Die wachsende Vergesellschaftung von Produktion und Arbeit hat dazu beigetragen, daß das Bildungswesen zu einem Bereich geworden ist, der immer enger mit allen übrigen Volkswirtschaftsbereichen verflochten ist. Dies ist Ergebnis der steigenden Bedeutung von Wissenschaft und Bildung bei der Gestaltung der modernen Produktivkräfte und damit der wachsenden Rolle der qualifizierten Arbeit im Produktionsprozeß.

Der Übergang zu qualitativ höheren Produktionsverfahren, die rasche Veränderung von Arbeitsmitteln und Arbeitsgegenständen, die gegenseitige Durchdringung von Produktion und Wissenschaft verändern Arbeitsbedingungen und -aufgaben zum Teil wesentlich und stellen bestimmte Anforderungen an die Werktätigen als Hauptproduktivkraft der Gesellschaft. Das erforderliche Qualifikationsniveau der Werktätigen aller Qualifikationsstufen verändert sich entsprechend den sich wandelnden Arbeitsanforderungen. Als allgemeine Entwicklungstendenzen lassen sich feststellen: Hochqualifizierte Tätigkeiten gewinnen an Bedeutung durch die rasche Entwicklung der nichtmateriellen Bereiche, die einen relativ hohen Anteil von Hoch- und Fachschulkadern benötigen sowie durch die zunehmende Bedeutung der produktionsvorbereitenden Abteilungen für die Produktionsentwicklung. In der Beschäftigtenstruktur der produzierenden Bereiche treten erhebliche Veränderungen auf. Der Umfang und die erforderliche Qualifikation des Reparatur- und Wartungspersonals für komplizierte Maschinen und Anlagen, der Werktätigen in den produktionsvorbereitenden Abteilungen und der Beschäftigten in den Dienstleistungsbereichen erhöhen sich. Eine umfassende Facharbeiterausbildung ist hier notwendig. Bestimmte Arbeitsplätze, die angelernte Tätigkeiten erfordern, bleiben jedoch in nicht unbedeutendem Maße bestehen und lassen den Anteil der angelernten Arbeitskräfte nicht unter einen bestimmten Grenzwert sinken. Der Anteil ungelernter Arbeitskräfte wird dagegen bedeutend zurückgehen. Die Qualifikationsanforderungen in der unmittelbaren Produktion können - wenn die Automatisierung einen bestimmten Stand erreicht - durchaus zeitweise stagnieren oder sogar absinken. Der Sozialismus bietet aber Möglichkeiten, dieses Problem im Sinne der Entwicklung des Menschen zu lösen. Vor ihm steht die Aufgabe, solche Verbindungen von geistiger und körperlicher Arbeit oder des Wechsels der Arbeitsfunktion zu finden, die die Persönlichkeitsentwicklung jedes einzelnen durch den Arbeitsprozeß nicht hemmen, sondern fördern.

Das Verhältnis zwischen den einzelnen Qualifikationsstufen ist auch zukünftig Wandlungen unterworfen. Die angedeuteten allgemeinen Tendenzen der künftigen Entwicklung der Qualifikationsstruktur können in den einzelnen Bereichen und Zweigen unterschiedlich wirken. Eine detaillierte Ermittlung von Umfang und Qualifikationsstruktur des erforderlichen Arbeitskräftepotentials ist daher erforderlich.

2. Die langfristige Bildungsplanung hat als Bestandteil der gesamtvolkswirtschaftlichen Planung die Bildungsbedürfnisse der sozialistischen Gesellschaft, insbesondere die gesellschaftlich notwendige Qualifikationsstruktur der Werktätigen, zu ermitteln und zu realisieren, gleichzeitig aber die individuellen Bildungsbedürfnisse der Werktätigen in Rechnung zu stellen. Davon muß man die den volkswirtschaftlichen Möglichkeiten und Notwendigkeiten entsprechende Entwicklung des Bildungswesens ableiten. Inhalt der Bildungsplanung ist:

- Bestimmung des gesellschaftlichen Bedarfs an qualifizierten Kadern nach Ausbildungsstufen und Fachrichtungen;
- Ermittlung des Weiterbildungsbedarfs der bereits ausgebildeten Kader (Umfang und zeitlicher Rhythmus);
- Bestimmung von Ausbildungsniveau, Bildungsprofil und -dauer der einzelnen Ausbildungsstufen;
- Ermittlung des personellen, materiellen und finanziellen Bedarfs des Bildungswesens;
- Gestaltung der inneren Verflechtung des Bildungswesens (quantitative und qualitative Beziehungen zwischen den einzelnen Bildungsstufen).

Auf Grund der Ausbildungsdauer im Bildungswesen hat die Bildungsplanung für relativ große Zeiträume Überlegungen anzustellen. Dies erschwert ihre Aufgabe beträchtlich und schränkt die Genauigkeit ihrer Ergebnisse ein. Aus der gesellschaftlichen Entwicklung und dem wissenschaftlich-technischen Fortschritt ergeben sich Veränderungen im Laufe einer langfristigen Planperiode, die zu neuen Anforderungen an die Bildungsplanung führen und berücksichtigt werden müssen.

Die Bildungsplanung braucht Instrumentarien zur Erfassung der quantitativen Dimensionen des Zusammenhangs von Reproduktionsprozeß und Bildungsniveau der Werktätigen, zur Verteilung der gesellschaftlichen Gesamtarbeit auf die Bereiche und Zweige der Volkswirtschaft. Vor der Gesellschaft steht die Aufgabe, gesellschaftliche Arbeit in einem solchen Volumen und in einer solchen Struktur im Bildungswesen zu verausgaben, daß dem Streben der Werktätigen nach mehr und besserer Bildung entsprochen und auf dieser Grundlage die ökonomische Potenz der Bildung voll ausgeschöpft und damit die Effektivität der gesellschaftlichen Produktion weiter erhöht wird.

Eine wesentliche Voraussetzung dafür ist die Ermittlung des Kaderbedarfs der Bereiche, Zweige, Betriebe und auf volkswirtschaftlicher Ebene sowohl in quantitativer als auch in qualitativer Hinsicht, aus der sich die Anforderungen an das Bildungswesen ableiten. Dies ist ein Problem, dessen Lösung erst in den Anfängen steht.

Zur Realisierung der Ziele der Gesellschaft werden in den verschiedenen gesellschaftlichen Bereichen Arbeitskräfte mit unterschiedlicher Qualifikation benötigt. Zur Ermittlung des entsprechenden Kaderbedarfs wurde am ZIW ein Aufspaltungsmodell entwickelt,[1] das den Rahmen für eine Kaderbedarfsbestimmung nach Volkswirtschaftsbereichen, Berufen und Qualifikationsstufen bilden soll. Der Bedarf der Gesellschaft an ausgebildeten Kadern wird dabei zunächst in fünf gesellschaftliche Komplexe aufgespalten:

1. materielle Produktion;
2. Staats- und Wirtschaftsführung;
3. Forschung und Entwicklung;
4. Dienstleistungseinrichtungen, Gesundheitswesen, Kultur und Sport;
5. Bildungswesen.

Für jeden der ersten vier Komplexe muß zunächst der Gesamtarbeitskräftebedarf - ohne Berücksichtigung der Ausbildungsstruktur - ermittelt werden. Der Arbeitskräftebedarf der materiellen Produktion insgesamt und ihrer Bereiche, Zweige usw. wird auf der Grundlage der prognostischen Entwicklung des Nationaleinkommens beziehungsweise Nettoprodukts und des Pro-Kopf-Standes der Arbeitsproduktivität bestimmt. Auf den Kaderbedarf der Staats- und Wirtschaftsführung haben das Niveau der zentralen staatlichen Planungs- und Prognosetätigkeit, der Entwicklungsstand der sozialistischen Demokratie, der organisatorische Aufbau des Staats- und Wirtschaftsapparates und die Verwaltungsstruktur des Landes Einfluß. Im Bereich der Wissenschaft muß von der Zahl der Forschungseinrichtungen, ihrer Größe, der Zahl der zu bearbeitenden Themen, dem Grad der Formalisierbarkeit geistiger Prozesse, dem Verhältnis von technischem und Verwaltungspersonal, der interdisziplinären Zusammensetzung der Forscherkollektive usw. ausgegangen werden. Der Kaderbedarf im Dienstleistungsbereich, im Gesundheitswesen und für Kultur und Sport hängt unter anderem von der Bevölkerungsentwicklung, ihrer Altersstruktur im Dienstleistungsbereich und auch vom allgemeinen Lebensstandard der Bevölkerung ab. In kulturellen und sportlichen Einrichtungen spielt zudem die Freizeit eine Rolle. Bei der Ermittlung des Kaderbedarfs in diesen Bereichen kann man von Dichteziffern verschiedener Art (zum Beispiel Ärzte pro 1000 Einwohner) ausgehen. In der Quantifizierung dieser Kriterien stehen wir allerdings erst am Anfang.

Nach dieser getrennten Ermittlung des Arbeitskräftebedarfs für die ersten vier gesellschaftlichen Komplexe ist es erforderlich, in der zweiten Etappe zur Ermittlung der Berufsstruktur überzugehen. Auf den niedrigsten Aggregationsstufen muß von Experten aus den entsprechenden Bereichen die Verteilung der Arbeitskräfte auf Berufsgruppen und Tätigkeiten abgeschätzt werden. Ist der Gesamtbedarf der Gesellschaft an Arbeitskräften der einzelnen Berufsgruppen auf diese Weise festgestellt, kann der Ersatz- und Expansionsbedarf, anhand der Altersstruktur der bereits ausgebildeten und noch berufstätigen Arbeitskräfte abgeleitet werden. Durch die Zuordnung von Berufen zu Ausbildungsfachrichtungen erhält man in der dritten Etappe Kenntnis von den Anforderungen der Gesellschaft an das Bildungswesen. Der zu befriedigende Ersatz- und Expansionsbedarf an ausgebildeten Arbeitskräften dient gleichzeitig zur Kaderbedarfsbestimmung für den fünften gesellschaftlichen Komplex, das Bildungswesen. Auf der Grundlage des summierten Arbeitskräftebedarfs der fünf gesellschaftlichen Komplexe wird eine Arbeitskräftebilanz aufgestellt. Nunmehr kann - ausgehend vom Ersatz- und Expansionsbedarf in den einzelnen Berufsgruppen und Ausbildungsfachrichtungen - die zu seiner Realisierung erforderliche innere Struktur des Bildungswesens abgeleitet werden.

Zur Konkretisierung dieses Aufspaltungsmodells ist am Zentralinstitut für Wirtschaftswissenschaften der Akademie der Wissenschaften der DDR ein Regressionsmodell zur Bestimmung des zukünftigen Bestandes an Hoch- und Fachschulkadern ausgearbeitet worden. Der Kaderbestand wird dabei nach 33 Fachrichtungen und 11 Volkswirtschaftsbereichen ermittelt. Die einseitige Bindung der Kaderbestandsentwicklung an ökonomische Größen (Arbeitsproduktivität, Nationaleinkommen usw.) wurde überwunden. Verschiedene demographische und soziale Faktoren wurden in die Berechnung einbezogen (Bevölkerungsdichte, Altersstruktur der Bevölkerung, Zahl der Krankenbetten, Zahl der kulturellen Einrichtungen). Bei den einzelnen Fachrichtungen wurden unterschiedliche Einflußfaktoren verwendet; für alle Fachrichtungen zusammen sind es etwa 70.

Mit Hilfe der Regressionsanalyse wurden auf Basis der statistisch signifikanten Zusammenhänge zwischen den Kaderbeständen und den sie beeinflussenden Faktoren lineare Regressionsgleichungen aufgestellt. Durch Einsetzen der exogen vorgegebenen Prognosewerte für die Entwicklung der Einflußfaktoren in die Gleichungen wurden die zukünftigen Kaderbestände nach Fachrichtungen und Volkswirtschaftsbereichen ermittelt.

Es wird allerdings notwendig sein, die gewonnenen Daten durch Expertenschätzungen zu ergänzen, weil im Modell der Einfluß neuer wissenschaftlich-technischer Entwicklungslinien, neuer sozialökonomischer, bildungs- und kulturpolitischer Zielstellungen nur unzureichend erfaßt werden kann.

3. Das im Bildungswesen erworbene Wissen wird nicht von selbst im Reproduktionsprozeß wirksam. Um die ökonomische Potenz der Bildung tatsächlich zur Wirkung zu bringen, ist der effektive Einsatz der Arbeitskräfte von entscheidender Bedeutung. Dabei müssen zwei Aufgaben gelöst werden:

- Verteilung und Lenkung der Absolventen des Bildungswesens auf die Volkswirtschaftsbereiche entsprechend ihrer Ausbildung und den Anforderungen der Bereiche;
- Einsatz der bereits im Arbeitsprozeß tätigen Werktätigen entsprechend ihrer Ausbildung und den gesellschaftlichen Erfordernissen.

In unserem Institut durchgeführte empirische Untersuchungen[2] zum Einsatz der ausgebildeten Kader in der Volkswirtschaft haben ergeben, daß es auf diesem Gebiet eine Vielzahl von Effektivitätsreserven zu erschließen gilt. Ziel der Untersuchungen war es, mit Hilfe analytischer Methoden die Differenzen aufzudecken, die zwischen dem an den verschiedenen Arbeitsplätzen erforderlichen und dem tatsächlich vorhandenen Qualifikationsniveau bestehen und daraus Schlußfolgerungen für die Bildungsplanung abzuleiten. Untersuchungsobjekt waren Hoch- und Fachschulkader sowie Meister in der sozialistischen Wirtschaft der DDR.

Die Ergebnisse der Untersuchungen lassen sich wie folgt zusammenfassen:

- Nur etwa die Hälfte der Planstellen der untersuchten Qualifikationsstufen (Hochschulkader, Fachschulkader, Meister) ist entsprechend den Anforderungen der Planstellen besetzt.
- Über ein Drittel der Planstellen wird von Werktätigen eingenommen, die einer niedrigeren Qualifikationsstufe als der eigentlich erforderlichen angehören.
- Eine Reihe hochqualifizierter Kader ist in Planstellen tätig, die unter ihrem Qualifikationsniveau liegen.

Was sind die Ursachen für derartige Erscheinungen im Kadereinsatz?

Wenn die Qualifikationsanforderungen der Planstellen den tatsächlichen Erfordernissen des jeweiligen Arbeitsplatzes entsprechen würden, dann müßte der Einsatz von Arbeitskräften in Planstellen, die über ihrem Qualifikationsniveau liegen, auf einen Mangel an hochqualifizierten Kadern zurückgeführt werden. Selbstverständlich kann es sich dabei auch um Werktätige handeln, die zwar nicht über die erforderliche Ausbildung verfügen, jedoch durch langjährige Tätigkeit entsprechende Erfahrungen gesammelt haben.

Der scheinbare Mangel an hochqualifizierten Arbeitskräften wird aber dadurch widerlegt, daß die DDR bereits 1967 zu den Ländern gehörte, die den höchsten Bestand an Hochschulkadern je 1000 Beschäftigte haben. Seitdem hat sich eine stürmische Entwicklung des Hoch- und Fachschulwesens vollzogen, die teilweise bereits zu Schwierigkeiten beim Einsatz dieser Kader führte. Es muß daher die Schlußfolgerung gezogen werden, daß die Kaderbedarfsermittlung auf Grundlage der Planstellenmethodik unzureichend ist, da sie in der Regel zu unrealen Kaderbedarfsanforderungen führt. Die Tätigkeit der Betriebe muß daher stärker auf die Einsparung von Arbeitsplätzen und auf die reale Beurteilung der Arbeitsplatzanforderungen gerichtet werden. Die volkswirtschaftlichen Möglichkeiten müssen entscheidender Bestandteil der Überlegungen sein.

Der Einsatz hochqualifizierter Kader in Tätigkeitsbereichen, die unter ihrem Qualifikationsniveau liegen, hat Ursachen in mangelnder Planungs- und Leitungstätigkeit, in nicht bedarfsgerechter und qualitativ nicht ausreichender Ausbildung im Bildungswesen, in Disproportionen im Lohn- und Gehaltsgefüge, die oft berufs- und qualifikationsfremden Einsatz begünstigen. Zeitweilig kann die Erscheinung eintreten, daß erworbene Qualifikation nicht angewandt werden kann, weil die Ausbildung der materiell-technischen Entwicklung vorausgeeilt ist. Berechnungen haben ergeben, daß für die Ausbildung der Kader, die unter ihrem Qualifikationsniveau eingesetzt sind, über 400 Millionen Mark mehr verausgabt wurden, als für die Ausübung der ihnen übertragenen Aufgaben notwendig gewesen wäre. Der Einsatz dieser Werktätigen entsprechend ihrem Qualifikationsniveau stellt eine bedeutende Effektivitätsreserve dar, die allerdings nur erschlossen werden kann, wenn die Ursachen beseitigt werden, die zu ihrer Entstehung geführt haben.

Voraussetzungen, die geschaffen werden müssen, um einen effektiven Kadereinsatz zu sichern, sind:

- Ausbildung der Werktätigen in Zahl, Niveau und Qualifikationsstruktur entsprechend den volkswirtschaftlichen Erfordernissen;
- Schaffung und Anwendung geeigneter Methoden der Berufslenkung;
- Einleitung von Maßnahmen zur Verminderung der Fluktuation (hier spielen die Arbeits- und Lebensbedingungen in Betrieb und Territorium eine entscheidende Rolle);
- Sicherung von langfristiger Kontinuität und Stabilität im Produktionsprozeß, um rasch wechselnde Kaderanforderungen einzuschränken;
- leistungsgerechte Entlohnung;
- Ausarbeitung von Methoden zur Bestimmung der erforderlichen Qualifikation an den verschiedenen Arbeitsplätzen.

4. Der Beitrag der Bildung zur Effektivitätssteigerung kann nur gewährleistet werden, wenn jede Arbeitskraft über eine Bildung verfügt, die

den Anforderungen ihres Arbeitsplatzes entspricht. Mit dem wissenschaftlich-technischen Fortschritt wandeln sich jedoch die Arbeitsanforderungen, veralten vorhandene Kenntnisse und Fähigkeiten und müssen durch neue ersetzt werden. Die Produktivität jeder Arbeitskraft hängt daher wesentlich von einer gezielten arbeits- und aufgabenbezogenen Weiterbildung ab, die zu einem ständigen Erfordernis während des gesamten Berufslebens wird. Diese dient der einfachen Reproduktion des Qualifikationsniveaus der Arbeitskräfte, indem das Wissen auf dem gesellschaftlich erforderlichen Niveau gehalten wird. Je schneller sich der wissenschaftlich-technische Fortschritt entwickelt, desto umfangreicher müssen die Weiterbildungsmaßnahmen sein. Die Intensivierung des Reproduktionsprozesses verstärkt daher die Rolle der Weiterbildung und ihren Umfang. Dieses Erfordernis ist gleichzeitig mit dem wachsenden Bedürfnis der Werktätigen nach ständiger Bildung verbunden. Damit wird die Gestaltung eines permanenten Bildungsprozesses zu einer erstrangigen gesellschaftlichen Aufgabe. Die rationelle Gestaltung der Weiterbildungsmaßnahmen gewinnt zunehmend an Bedeutung. Es ergibt sich die volkswirtschaftliche Aufgabenstellung, ein effektives Verhältnis zwischen Berufstätigkeit und Weiterbildung zu finden. Eine große Rolle spielt dabei die berufsbezogene Weiterbildung, das mit dem Arbeitsprozeß verbundene Lernen.

Der gesellschaftlich notwendige Wissenszuwachs kann in einer Fortschrittsrate des Wissens ausgedrückt werden.[3] Sie gibt an, um wieviel Prozent das vorhandene Wissen und die erworbenen Fertigkeiten einer qualifizierten Arbeitskraft jährlich erweitert werden müssen, damit die gebrauchswert- und wertschaffende Potenz der Werktätigen unter den jeweils gegebenen Bedingungen stets maximal genutzt werden kann.

Vergleiche und Untersuchungen im volkswirtschaftlichen und internationalen Maßstab weisen darauf hin, daß diese Fortschrittsrate des Wissens bei etwa 4 bis 6 Prozent liegt. Spezialkenntnisse und bestimmte Arbeitstechniken veralten schneller, Grundlagenwissen ist langlebiger. Gezielte Forschungen zur Entwicklung der Fortschrittsrate des Wissens in den verschiedenen Berufen, Qualifikationsstufen und Tätigkeitsbereichen könnten dazu führen, den notwendigen Weiterbildungsumfang und davon abgeleitet

Zeitdauer und Kosten dieser Maßnahmen exakter als bisher zu bestimmen.

Neben der Vermittlung neuesten Wissens und neuer Fertigkeiten innerhalb eines Berufes hat die Weiterbildung eine weitere entscheidende Aufgabe. Volkswirtschaftlich notwendige Strukturveränderungen führen dazu, daß Veränderungen in der Berufsstruktur der Volkswirtschaft erforderlich werden. Dies ist nicht allein dadurch zu erreichen, daß aus dem Arbeitsprozeß ausscheidende Werktätige durch Absolventen der Berufs-, Hoch- und Fachschulausbildung ersetzt werden, die bereits in den neuen Berufen ausgebildet werden. Mehr oder weniger umfangreiche Umschulungsmaßnahmen zu neuen Berufen werden auch für bereits im Arbeitsprozeß tätige Werktätige notwendig.

Die Ermittlung des Umfangs und zweckmäßiger Formen der Weiterbildung ist Voraussetzung dafür, daß aus der Weiterbildung ein hoher Nutzen für die Gesellschaft insgesamt und den einzelnen entspringt. Die Weiterbildung ist eine entscheidende Wachstumspotenz der volkswirtschaftlichen Entwicklung, nicht zuletzt deshalb, weil das Wirtschaftswachstum in der Periode der Intensivierung nicht durch zusätzliche Arbeitskräfte, sondern vorrangig durch Produktivitätssteigerung zu erreichen ist. Die Weiterbildung schafft dafür entscheidende Voraussetzungen.

5. Ein entscheidendes Kennzeichen der Intensivierung ist die rationelle Nutzung der vorhandenen Mittel und Kräfte, die effektive Gestaltung der Prozesse in allen Bereichen der Volkswirtschaft. Daher geht es im Bildungswesen nicht einfach nur darum, Kader in erforderlicher Zahl und Struktur aus- und weiterzubilden. Eine wesentliche Aufgabe ist es, die Erfordernisse des ökonomischen Grundgesetzes und des Gesetzes der planmäßig proportionalen Entwicklung als spezifische Ausdrucksformen des Gesetzes der Ökonomie der Zeit auch im Bildungswesen durchzusetzen, das heißt die Bildungsprozesse rationell zu gestalten.

Ausgehend von den geschaffenen Voraussetzungen (zum Beispiel Lehrplanwerk der allgemeinbildenden Oberschule, neue Lehrpläne der Berufsausbildung, geschaffene Grundberufe und Grundlagenfächer, 3. Hochschulreform), gilt es, die darin enthaltenen Potenzen und Möglichkeiten zu nutzen und zur vollen Wirkung zu bringen. Die Bedeutung der Prozeßgestaltung, der maximalen Nutzung der gegebenen Bedingungen, gewinnt erhöhte Bedeutung.

Das Bildungswesen ist eine Einheit miteinander verbundener und voneinander abhängiger Prozesse. Die Sicherung seiner inneren Proportionalität macht es daher notwendig, die Ausbildung auf jeder Stufe entsprechend dem Bedarf der nächstfolgenden Stufe zu gestalten, das heißt, Quantität und Qualität der auszubildenden Kader einer Bildungsstufe müssen den Anforderungen der folgenden Stufen unter Berücksichtigung der demographischen Entwicklung entsprechen. Die Entwicklung in den einzelnen Stufen und Bereichen des Bildungswesens muß daher dem Rhythmus des gesamten Bildungswesens und damit dem gesellschaftlichen Bedarf gemäß erfolgen. Der erforderliche Ersatz- und Erweiterungsbedarf an qualifizierten Kadern ist als Zielgröße der Bildungsprozesse anzusehen. Alle Bildungswege, die zu diesem Ergebnis führen, sind auf quantitative und qualitative Beziehungen ihrer Teilprozesse und damit auf ihre Rationalität hin zu untersuchen. Dies ist mit Hilfe von Verflechtungsmodellen möglich, durch die Wege gesucht werden, um den ermittelten Bedarf der Volkswirtschaft an qualifizierten Kadern qualitätsgerecht mit geringstmöglichem Bildungsaufwand zu befriedigen.

Übergangsquoten von Bildungsgang zu Bildungsgang und Bildungsstufe zu Bildungsstufe erlauben es, im Rahmen einer Verflechtungsbilanz mögliche Auswirkungen verschiedener Änderungen der Bildungsgänge zu analysieren. Die Veränderung der verschiedenen Übergangsquoten (Übertrittsquoten zur nächsthöheren Klassenstufe, Wiederholerquoten und Abgangsquoten) ist ein wichtiges Instrument zur Erreichung bildungspolitischer Ziele. Eine Verflechtungsbilanz des Bildungswesens auf Grundlage der Durchlaufquoten der Schüler von Bildungsstufe zu Bildungsstufe ermöglicht es, mit Hilfe einer Reihe von Koeffizienten auch den erforderlichen Bedarf an Klassenräumen, Lehrern und materiell-technischen Einsatzkomponenten abzuschätzen und über die Ermittlung der Kosten je Schüler einer bestimmten Stufe auch Schätzungen über den Kostenaufwand für die in Erwägung gezogenen Varianten der Entwicklung des Bildungswesens vorzunehmen.

Ziel ist es, die rationellsten Bildungswege aufzufinden (zeitlich und kostenmäßig), die Bildungsinhalte in den einzelnen Stufen des Bildungswesens effektiv zu gestalten (hier ist zum Beispiel zu entscheiden, welche Kenntnisse und Fähigkeiten zweckmäßigerweise in den einzelnen Bildungsstufen und zu welchem Zeitpunkt zu erwerben sind) und bestmöglich zu vermitteln. Neben der Beherrschung der quantitativen Beziehungen zwischen den Bildungsstufen ist die Gestaltung der qualitativen Zusammenhänge von wesentlicher Bedeutung. Dies betrifft Überlegungen zur rationellen Gestaltung und gegenseitigen Abstimmung der Bildungsinhalte in den verschiedenen Stufen des Bildungssystems, zum Auffinden der rationellsten Bildungswege (zeitlich und kostenmäßig) sowie zu den Methoden und Verfahren der Wissensvermittlung.

Dabei müssen die politischen Zielstellungen der Gesellschaft und die vielfältigen sozialen und pädagogischen Probleme entsprechend ihrem Gewicht bewertet und im Entscheidungsprozeß berücksichtigt werden.

Die Intensivierung im Bildungswesen selbst umfaßt wie in allen anderen Volkswirtschaftsbereichen das Wirksamwerden des Gesetzes der Ökonomie der Zeit, das heißt die rationelle Nutzung der vorhandenen Mittel und Kräfte, die effektive Gestaltung der Bildungsprozesse. Dies sind insbesondere Fragen der Organisation und Leitung des Bildungswesens. Hierzu gehören Probleme wie:

- Sicherung der Kontinuität der Bildungsinhalte, der Zulassungszahlen usw.,
- rationelle Nutzung der Arbeitszeit des Lehrpersonals, Entlastung von Hilfs- und Nebenarbeiten,
- Schaffung pädagogisch günstiger Klassenfrequenzen,
- effektive Nutzung der Räume und Ausstattungen in den Bildungseinrichtungen,
- Aus- und Weiterbildung der pädagogischen Kräfte zur Verbesserung der Wirksamkeit des Unterrichts,
- günstige Gestaltung des Netzes der Bildungseinrichtungen.

6. Die Einschätzung der Effektivität der Bildung, des Verhältnisses von Aufwand und Nutzen sowohl des Bildungswesens als Ganzen als auch seiner Teilbereiche, ist eine entscheidende Voraussetzung dafür, das

politökonomische Grundproblem der optimalen Verteilung der gesellschaftlichen Gesamtarbeit auf die Zweige und Bereiche der Volkswirtschaft zu lösen. Die Verteilung der gesellschaftlichen Kräfte und Mittel auf Bereiche des Bildungswesens, auf Bildungsprogramme und Bildungseinrichtungen ist ein wichtiges Entscheidungsproblem, dessen rationelle Lösung die Einschätzung des gesellschaftlichen Effekts der verschiedenen Bildungsaktivitäten voraussetzt.

Dieser Effekt wird nicht allein durch ökonomische, sondern in hohem Maße auch durch pädagogische, politische und kulturelle Gesichtspunkte beeinflußt. Seine quantitative Einschätzung erfordert es, die Bildungsaktivitäten vom Standpunkt des Ziels der sozialistischen Gesellschaft (ökonomisches Grundgesetz) und vom Standpunkt des Gesetzes der Ökonomie der Zeit zu bewerten. Die allgemein verwendeten ökonomischen Bewertungsinstrumentarien sind dafür nur sehr bedingt geeignet, weil sie den gesellschaftlichen Nutzen der Bildungsmaßnahmen nur zu einem Teil erfassen können. Zum anderen können sie Fern- und Nebenwirkungen, die durch die Erhöhung des Bildungsniveaus ausgelöst werden, nicht widerspiegeln. Um diese Schranke zu überwinden, scheint die Aufwand-Nutzen-Analyse ein brauchbares Instrument zu sein. Sie hat die Aufgabe, den gesamtgesellschaftlichen Aufwand und Nutzen alternativer Bildungsprogramme in bezug auf die Realisierung vielfältiger gesellschaftlicher Ziele zu erforschen, zu bewerten und miteinander vergleichbar zu machen. Damit soll eine Prioritätenskala ermittelt werden, die als Entscheidungsgrundlage dienen kann.

Besonders schwierig ist die Bestimmung des Nutzens, der im Rahmen der Aufwand-Nutzen-Analyse nicht auf den unmittelbaren, allein ökonomischen Nutzen reduziert wird, sondern möglichst alle Nutzenskomponenten, und zwar unabhängig von Zeit, Ort und Bereich ihrer Entstehung, umfassen soll, das heißt auch Fern- und Nebenwirkungen von Bildungsmaßnahmen einschließt.

Das Meßverfahren des Nutzens richtet sich nach den konkreten Gegebenheiten der zu untersuchenden Bildungsaktivitäten. Mögliche Verfahren innerhalb der Aufwand-Nutzen-Analyse sind die Kosten-Ergebnis-Analyse, die Präferenzenaggregation und die Nutzenanalyse.

Die praktische Erprobung und Anwendung der Aufwand-Nutzen-Analyse im Bildungswesen ist nur in Zusammenarbeit mit Vertretern der Bildungs- und Wirtschaftspraxis möglich.

7. Für die Beurteilung der Effektivität ist es erforderlich, alle Komponenten des Reproduktionsprozesses in einer vergleichbaren und für die ökonomische Analyse verwendbaren Dimension darzustellen. Hierzu gehört auch die Erfassung der Bildungsaufwendungen, die in der Qualifikation der Werktätigen materialisiert sind. Dies sind die Bildungsfonds.[4] Sie enthalten alle Aufwendungen, die für die Erreichung einer bestimmten Qualifikationsstufe erforderlich sind. Aus statistischen Gründen konnten bisher allerdings nur die Staatshaushaltsausgaben erfaßt werden. 1970 kostete in der DDR die Ausbildung eines Hochschulkaders 48 000 Mark, für einen Fachschulkader mußten 24 000 Mark aufgewendet werden, ein Facharbeiter erforderte 17 000 Mark Ausbildungskosten. Die Bildungsfonds in der DDR betrugen 1970 127 Milliarden Mark.

Die Bildungsfonds sind Bestandteil des Nationalreichtums jeder Gesellschaft. Sie stellen einmaligen Aufwand dar und werden sukzessive durch die Tätigkeit der Arbeitskraft im Arbeitsprozeß reproduziert. Ihre Reproduktion erfolgt - im Gegensatz zu den Grundfonds - über das notwendige Produkt.

Die Bestimmung der Bildungsfonds ist eine wesentliche Voraussetzung dafür, zu echten volkswirtschaftlichen Aufwands- und Effektivitätsberechnungen zu kommen, Substitutionsbeziehungen zwischen lebendiger und vergegenständlichter Arbeit richtig beurteilen und damit effektive Beziehungen zwischen den volkswirtschaftlichen Fonds und den entsprechenden Investitionen herstellen zu können.

Die mangelnde Berücksichtigung der Bildungsfonds bei der Aufwands- und Effektivitätsbestimmung kann zu schwerwiegenden praktischen Konsequenzen führen, weil dadurch oft die Aufmerksamkeit vorrangig auf Einsparungen an vergegenständlichter Arbeit konzentriert wird und mit der lebendigen Arbeit nicht sorgsam genug umgegangen wird.

Dies wäre aber eine Tendenz, die der verstärkten Intensivierung des

Reproduktionsprozesses widersprechen würde. Die bessere Nutzung des vorhandenen Arbeitsvermögens und die Einsparung von Arbeitsplätzen ist zu einem Problem geworden, dessen Lösung erhöhte Aufmerksamkeit erfordert.

Als Bestandteil des Lohnfonds werden bisher nur solche Bildungsaufwendungen als Aufwandselement betrachtet, die individuell finanziert werden. Die gesamten, um vieles größeren gesellschaftlich getragenen Bildungskosten gehen bisher nicht in die Aufwandsrechnung ein, sondern werden lediglich als Bestandteil des Nationaleinkommens angesehen. Damit kann ein verzerrtes Bild des tatsächlichen Aufwandsniveaus und damit auch der Substitutionsbeziehungen zwischen lebendiger und vergegenständlichter Arbeit entstehen.

Ob, inwieweit und in welcher Form die Bildungsfonds in der wirtschaftlichen Rechnungsführung berücksichtigt werden können oder sollen, muß weiteren Untersuchungen vorbehalten bleiben.

Anmerkungen

1 Vgl. Udo Ludwig/Harry Maier/Jürgen Wahse, Bildung als ökonomische Potenz im Sozialismus, Berlin 1972, S. 141 - 159.

2 Vgl. Autorenkollektiv, Zur Reproduktion des Qualifikationsniveaus der Werktätigen und der Bildungsfonds, Berlin 1973, S. 113 - 119 (Forschungsberichte des Zentralinstituts für Wirtschaftswissenschaften der Akademie der Wissenschaften der DDR, Nr. 5).

3 Vgl. Udo Ludwig/Harry Maier/Jürgen Wahse, Bildung als ökonomische Potenz im Sozialismus, Berlin 1972, S. 295 - 299.

4 Vgl. Autorenkollektiv, Zur Reproduktion des Qualifikationsniveaus der Werktätigen und der Bildungsfonds, Berlin 1973 (Forschungsberichte des Zentralinstituts für Wirtschaftswissenschaften der Akademie der Wissenschaften der DDR, Nr. 5).

Dobri Bradistilov

DIE VERÄNDERUNG DER TERRITORIALSTRUKTUR DER INVESTITIONEN UND IHR EINFLUSS AUF DIE EFFEKTIVITÄT DER GESELLSCHAFTLICHEN PRODUKTION

1. Die Effektivität der Formen territorialer Verteilung der Produktivkräfte ist ein Teil des allgemeinen Problems der Effektivität der Investitionen und der gesellschaftlichen Produktion.

Die beiden Hauptformen der gesellschaftlichen Arbeitsteilung[1] - nach Zweigen und nach Territorien - bestimmen auch die beiden Hauptformen des Investitionsprogramms - die Lenkung der Investitionen in Zweige und in Territorien.

Die territoriale Verteilung der Produktivkräfte und der Aufbau effektiver Verbindungen von Produktion und Territorium sind ein Teil der Faktoren, die die ökonomische Effektivität der Investitionen und der gesellschaftlichen Produktion bestimmen.

Die rationelle territoriale Verteilung der Produktivkräfte (die dem ökonomischen Inhalt nach mit effektiver Verteilung identisch ist) und ihre Vereinigung in unterschiedlichen, durch die Produktionsspezialisierung, den territorialen Zusammenschluß und die Rolle in der Volkswirtschaft charakterisierten Komplexen sind Strukturelemente der materiell-technischen Basis der entwickelten sozialistischen Gesellschaft. Durch die planmäßige Lenkung der Investitionen wird eine effektive Ausnutzung der territorialen Produktionsfaktoren gewährleistet.

Die territorialen Faktoren beeinflussen die Effektivität der Investitionen und die gesellschaftliche Produktion

- durch territoriale Lenkung der Investitionen zur Durchsetzung der für eine bestimmte Periode effektivsten Entwicklung der Wirtschaft und der durch die Technik gebotenen Möglichkeiten der territorialen Produktionsfaktoren. Dazu gehören: die natürlichen Ressourcen, die vorhandenen und genutzten Produktionskapazitäten, die Fonds außerhalb der Produktion, die Arbeitskräfte mit ihren Produktionserfahrungen, die Produktions- und soziale Infrastruktur, die Wasserreserven, die für die Versorgung der jeweiligen Territorien vorhanden sind. Bei der territorialen Orientierung der Investitionen für den Aufbau neuer oder die Erweiterung und Rekonstruktion schon bestehender Betriebe sind die technisch-ökonomischen Besonderheiten der entsprechenden Produktion zu beachten;

- durch den Aufbau nach Möglichkeit geschlossener technologischer Zyklen in einzelnen Produktionszweigen (soweit das unter den gegenwärtigen Bedingungen möglich ist) in einem bestimmten Territorium, um so den Durchlauf des Arbeitsgegenstandes durch die einzelnen Phasen des Produktionsprozesses bei minimalem Arbeitsaufwand zu gewährleisten und die Dauer des technologischen Zyklus zu minimieren. Diese territorialen Formen des Reproduktionsprozesses begünstigen außerdem die komplexe Ausnutzung der Rohstoffe und die Abfallverwertung;

- durch Optimierung der zwischenzweiglichen Beziehungen auf einem bestimmten, historisch und ökonomisch-geographisch abgegrenzten Territorium planmäßig die territoriale Arbeitsteilung in der Volkswirtschaft zu vertiefen und die Bildung effektiver territorialer Produktionskomplexe als Hauptstrukturglieder der territorialen Wirtschaftsorganisation zu fördern.

2. Wenn die ökonomische Effektivität der territorialen Lenkung von Investitionen und der territorialen Verteilung der gesellschaftlichen Produktion gemessen werden soll, müssen sowohl die unmittelbaren ökonomischen Aufgaben als auch die sozialen Funktionen im jeweiligen Gebiet beachtet werden. Die territoriale Verteilung der Produktivkräfte ist das Hauptmittel, um den sozialen Inhalt des ökonomischen Grundgesetzes des Sozialismus zu realisieren, und zwar durch:

- Schaffung optimaler Bedingungen für den Einsatz der Arbeitskräfteressourcen in der Produktion,

- allmähliche Schaffung annähernd gleicher Bedingungen für die Investitionen und die Arbeitsproduktivität in den einzelnen territorialen Produktionseinheiten, indem die konsequente Realisierung des sozialistischen Verteilungsprinzips und der Erhöhung des Lebensniveaus der Bevölkerung gewährleistet wird,

- Schutz der Umwelt vor Industrieverschmutzung und Wiederherstellung der Biosphäre.

3.1. Die planmäßige Standortverteilung der Produktivkräfte und die Herausbildung territorialer Produktionskomplexe ist ein dynamischer Prozeß, der sich während des Aufbaus der entwickelten sozialistischen Gesellschaft in unserem Land vollzieht. Dies geschieht unter dem bestimmenden Einfluß

- der Tendenzen, die der wissenschaftlich-technische Fortschritt in der territorialen Arbeitsteilung und in der Vervollkommnung der Formen der gesellschaftlichen Organisation der Produktion verstärken wird,

- der verstärkten Mobilität der Produktivkräfte durch die Einführung der Errungenschaften des wissenschaftlich-technischen Fortschritts in Industrie und Landwirtschaft (Erhöhung der Transportfähigkeit der Rohstoffe und Finalerzeugnisse, Erhöhung der Materialintensität, Chemisierung und Einführung industrieller Technologien in der Landwirtschaft) und die Vervollkommnung des Transportwesens und des Informationssystems,

- des Umfangs der Investitionen und ihrer territorialen Lenkung und Aufteilung zum Aufbau neuer Produktionskapazitäten, zur Entwicklung der Produktions- und sozialen Infrastruktur in den einzelnen Gebieten und territorialen Produktionskomplexen,

- der internationalen Arbeitsteilung und der Integration der bulgarischen Wirtschaft in die sozialistische Ländergemeinschaft,

- des Zeitfaktors und der beschleunigten Einführung der Errungenschaften des wissenschaftlich-technischen Fortschritts in die Zweige der materiellen Produktion und die übrigen Sphären,

- sozialer Aufgaben, die im Zusammenhang mit der Erfüllung des "nationalen Programms zur Erhöhung des Lebensniveaus des Volkes" in den nächsten Jahren gelöst werden.

3.2. In der Periode des Aufbaus der entwickelten sozialistischen Gesellschaft werden die objektiven Möglichkeiten für eine konsequente Verwirklichung der Prinzipien geschaffen, nach denen sich die Standortverteilung der Produktivkräfte in der sozialistischen Wirtschaft vollzieht. Sie werden den qualitativen Charakter der materiell-technischen Basis der entwickelten sozialistischen Gesellschaft bestimmen und Einfluß auf die ökonomische Effektivität der Investitionen und auf die gesellschaftliche Produktion ausüben. Folgende dieser Prinzipien werden in den nächsten Jahren erstrangige Bedeutung erlangen:

- die relativ gleichmäßige Verteilung der Produktivkräfte nicht nur im Landesmaßstab, sondern auch im Rahmen einzelner Gebiete und territorialer Produktionskomplexe,
- die Überwindung der wesentlichen Unterschiede, die in der ökonomischen und sozialen Sphäre zwischen einzelnen Bezirken und Wirtschaftsgebieten bestehen,
- die Vertiefung der Produktionsspezialisierung und die Bildung territorialer Produktionskomplexe (für einen oder mehrere Zweige).

Auf dieser Grundlage müssen die Bedingungen für eine konsequentere und planmäßige Regulierung der Wanderungs- und Urbanisierungsprozesse, für das Wachstum der Bevölkerung und der Arbeitskräfteressourcen in großen Industriezentren und ihre sozialökonomische Entwicklung, hauptsächlich auf der Grundlage des natürlichen Wachstums der Arbeitskräfteressourcen, für die Stimulierung der Entwicklung mittlerer und kleiner Städte sowie die Einbeziehung von Dörfern in den Urbanisierungsprozeß durch die Veränderung ihrer Produktionsstruktur und der Wohn- und Lebensverhältnisse der Bevölkerung geschaffen werden.

Die gleichzeitige Lösung der unmittelbar ökonomischen und der sozialen Aufgaben der territorialen Lenkung der Investitionen macht die hier untersuchten Probleme besonders kompliziert.

Oft erschwert die komplizierte Verflechtung und das widersprüchliche Wirken von Faktoren, die die effektive territoriale Verteilung der Produktivkräfte bestimmen, das methodische Herangehen und die Schaffung eines Instrumentariums zur quantitativen Ermittlung der ökonomischen und sozialen Ergebnisse. Das methodische Instrumentarium muß den gleichzeitigen Einfluß vieler und ihrem Charakter nach verschiedenartiger Faktoren auf die Effektivität umfassen und ihn quantitativ ermitteln. Nicht alle sozialökonomischen Fortschritte können quantitativ bestimmt werden. Hinzu kommen Schwierigkeiten, die mit der unter territorialen Gesichtspunkten noch unvollkommenen Information verbunden sind.

4. Die Formen, in denen der Prozeß der territorialen Verteilung der Produktivkräfte und der sozialökonomischen Aufgaben vor sich geht und die in der Volkswirtschaft die planmäßige Standortverteilung der Produktivkräfte lösen müssen, bestimmen das Herangehen und das methodische Instrumentarium, mit dessen Hilfe die Effektivität der territorialen Lenkung der Investitionsprogramme und der territorialen Verteilung der gesellschaftlichen Produktion ermittelt werden muß.

Bei der territorialen Lenkung der Investitionen und ihrer Effektivitätsermittlung ist in der sozialistischen Gesellschaft folgendes zu beachten:

- ein komplexes Herangehen, das gleichzeitig mit dem effektiven Standort einer einzelnen produzierenden Einheit und der Optimierung ihrer Tätigkeit voraussetzt, daß die territoriale Standortverteilung vervollkommnet und die ökonomische Effektivität der Produktion in den einzelnen Zweigen, territorialen Produktionskomplexen und in der gesamten Volkswirtschaft erhöht wird,

- ein perspektivisches Herangehen (etwa in Form einer Bewertung), das außer der Ermittlung des unmittelbaren ökonomischen Ergebnisses erfordert, die weiteren ökonomischen, sozialen und die Urbanisierung betreffenden Auswirkungen sowie die politischen und anderen Folgen im Auge zu haben, die durch die Entwicklung der Produktivkräfte der gegebenen territorialen Produktionseinheit in den Folgeperioden eintreten werden.

- Diese Ergebnisse wären am besten durch ein volkswirtschaftliches Herangehen bei der Bewertung der ökonomischen und sozialen Resultate einzuschätzen. Dadurch wird das volkswirtschaftliche Kriterium zum Hauptkriterium bei der Ermittlung der Effektivität der Investitionen und der gesellschaftlichen Produktion in territorialer Hinsicht. Die ökonomische Forschung muß den Inhalt dieses Meßinstruments präzisieren und eine Methodik für seine Ausnutzung ausarbeiten.

4.2. Der ökonomische Inhalt der Effektivität der territorialen Lenkung der Investitionen und der Standortverteilung der gesellschaftlichen Produktion ist letzten Endes das Minimum des gesellschaftlichen Produktionsaufwandes für eine Erzeugniseinheit und ihre Bereitstellung zur Realisierung oder die Minimierung der einmaligen und laufenden Aufwendungen, die die Lösung einer bestimmten Produktions- oder sozialen Aufgabe in der Volkswirtschaft sichert.

Das allgemeinste Kriterium für die Ermittlung der ökonomischen Effektivität der territorialen Verteilung der Investitionen und der Standortverteilung der Produktion ist die Steigerung der gesellschaftlichen Arbeitsproduktivität. Welche Kennziffern für diesen Zweck verwendet werden können, hängt von den in der ökonomischen Forschung und Analyse zu lösenden Problemen ab.

4.3. Um die ökonomische Effektivität der vorhandenen Grundfonds einzuschätzen und die Effektivität der Investitionen für die perspektivische Entwicklung der Produktivkräfte in den einzelnen territorialen Produktionseinheiten zu prognostizieren, ist es erforderlich:

- das notwendige Instrumentarium zur Ermittlung des quantitativen Einflusses der einzelnen territorialen Faktoren auf die Effektivität der Investitionen und der gesellschaftlichen Produktion und, vor allem auch für geologische Erkundungen, des Einflusses der Nutzung von Grund und Boden, der Wasserreserven, der Verlagerung von Arbeitskräften, des Einflusses industrieller Verschmutzung der Umwelt usw., theoretisch zu begründen und auszuarbeiten.

- Zur Ermittlung der ökonomischen Effektivität bei der territorialen Lenkung der Investitionen für die Errichtung neuer Produktionskapazitäten (oder einer einzelnen produzierenden Einheit) oder die Erweiterung und Rekonstruktion vorhandener Betriebe ist es notwendig, die relative Effektivität der Investitionen bei der Lösung von Produktionsaufgaben zu verwenden, die ihrem Charakter und ihren quantitativen Parametern nach identisch sind.

- Es ist weiterhin ein methodischer Apparat erforderlich, um die ökonomische Effektivität bei der Vervollkommnung territorialer Formen des Reproduktionsprozesses in einzelnen Wirtschaftszweigen oder Bereichen und in territorialen Produktionskomplexen einzuschätzen. Durch gewisse Modifikationen können dabei die gleichen Kriterien und Kennziffern verwendet werden. Letztere müssen die Möglichkeit geben, sowohl die Gesamtinvestitionen für bestimmte Produktionsvorhaben oder andere volkswirtschaftliche Aufgaben (entsprechend der territorialen Wirtschaftsstruktur) als direkte und Folgeinvestitionen sowie als Investitionen für den Aufbau der entsprechenden Sozial- und Produktionsinfrastruktur usw. wie auch die zu erwartenden quantitativ meßbaren Ergebnisse zu vergleichen.

- Ausgehend vom erreichten Niveau bei der Bearbeitung methodischer Probleme der ökonomischen Effektivität bei der territorialen Verteilung der Investitionen und der gesellschaftlichen Produktion sowie der Anwendungsmöglichkeiten moderner mathematischer Methoden und der Rechentechnik, könnte dafür der Umfang des in den einzelnen territorialen Produktionskomplexen produzierten Nationaleinkommens zweckmäßig sein: für die Ist-Periode das auf der Basis der vorhandenen Grundfonds produzierte Nationaleinkommen und für die Planperiode entweder das auf der Basis der vorhandenen und der neu in Betrieb genommenen Produktionskapazitäten produzierte Nationaleinkommen oder der Nationaleinkommenszuwachs durch zusätzliche Investitionen. In diesem Fall können sowohl verschiedene Optimierungsmodelle als auch die Verflechtungsbilanz angewendet werden.

- Von der Territorialökonomie sind folgende theoretische und methodische Probleme zu lösen:

1. methodische Probleme der Berechnung des Nationaleinkommens nach territorialen Produktionseinheiten, einschließlich des Teils, der von einer zur anderen territorialen Produktionseinheit (beziehungsweise von einem Gebiet zum anderen) "fließt",
2. Ausnutzung der Verflechtungsbilanz für die Optimierung der Territorialstruktur der Investitionen und der Produktionsbeziehungen in der Volkswirtschaft,
3. Ermittlung der Territorien, die bei der Bestimmung des Umfangs der zusätzlichen und der Folgeinvestitionen beachtet werden müssen,
4. Bestimmung der Elemente, die bei der Berechnung der Aufwandsnormative für jede Arbeitseinheit bei der Verlagerung von Arbeitskräfteressourcen und des Koeffizienten für die sie begleitenden Familienmitglieder einzubeziehen sind,

5. Bestimmung eines Kriteriums, das sowohl die ökonomischen als auch die sozialen Folgen der territorialen Verteilung der Investitionen und den Standort der gesellschaftlichen Produktion erfassen muß.

Damit sind die mit der Ermittlung der ökonomischen Effektivität der Investitionen und der gesellschaftlichen Produktion verbundenen methodischen Probleme noch nicht ausgeschöpft. Im Forschungsprozeß werden sich auch andere, vom theoretischen Standpunkt möglicherweise kompliziertere Probleme herauskristallisieren. Sie werden durch die Koordinierung der Anstrengungen aller auf diesem Gebiet tätigen Wissenschaftler gelöst werden.

Anmerkung

1 Vgl. Karl Marx, Das Kapital. Bd. 1, in: MEW, Bd. 23, Berlin 1962, S. 371 - 380.

Bei Fragen zur Produktsicherheit wenden Sie sich bitte an:
If you have any questions regarding product safety,
please contact:

Walter de Gruyter GmbH
Genthiner Straße 13
10785 Berlin
productsafety@degruyterbrill.com